日本橋日枝神社

日枝神社

東京都千代田区永田町 2-10-5　TEL.03・3502・2205
https://www.hieakasaka.net

日本橋日枝神社

東京都中央区日本橋茅場町 1-6-16　TEL.03・3666・3574
https://www.hiejinjanihombashisessha.tokyo

神様に感謝をして、祈りを捧げる

参拝マナー

しきたりも大切ですが、形にとらわれすぎず、
真心を込めて丁寧にお参りをしましょう。感謝の気持ちを忘れないことが重要です。

1

一礼してから鳥居をくぐります

鳥居の内側は神様の
いらっしゃるご神域

2

参道の端を歩きましょう

参道の中央は神様の通り道

3

手水舎で心身を清めます

4　拝殿前でお参りを

❶【神様へのご挨拶】
神前に進み姿勢を正した後、お賽銭を賽銭箱に入れます
※鈴がある神社では、お賽銭を入れた後に鳴らします

❷【二礼二拍手】
90度に腰を折る深いお辞儀を二度繰り返します。次に二回拍手をした後、両手を合わせ、日頃の感謝を伝えて、祈りを捧げます

❸【最後に一礼】
両手をおろして、もう一度深いお辞儀をします

5　授与品をいただきましょう

お守り、おみくじなどの授与品や御朱印はお参りをした後に

7　最後に鳥居を出たら一礼を

帰る時は鳥居を出たところで、振り返ってお辞儀をします

6　摂社、末社へ参拝をしましょう

特に摂社、末社の御朱印などをいただくときにはお参りを

撮影：東京大神宮　※神社によって参拝方法が異なる場合もあります

三種の神器のひとつ草薙神剣が奉斎されている本殿は伊勢神宮とほぼ同様の神明造り

ピックアップ
ご利益神社

◉愛知県◉

熱田神宮《あつたじんぐう》

三種の神器「草薙神剣《くさなぎのみつるぎ》」織田信長も信仰した最強の剣の神を祀る

剣の宝庫 草薙館
神剣を奉祀する神宮であることから、古くより刀剣の奉納がある（開館８時30分～16時30分、大人500円）※入館は16時まで※休館日等についての詳細はホームページを参照

一之御前神社（いちのみさきじんじゃ）
天照大神の荒魂を祀っている

お祀りしている熱田大神は三種の神器の一つで、草薙神剣を御霊代とした天照大神のこと。神剣は素盞嗚尊が八岐大蛇を退治した時に出現し、天叢雲剣と言われたが、後に東征時、焼き討ちにあった日本武尊がこの剣をもって草を薙ぎ払ったことから草薙神剣と呼ばれるようになったと言う。

その後、宮簀媛命と結ばれた日本武尊は伊吹山（いぶきやま）へ賊退治に向かうが病に倒れ亡くなってしまう。神剣は宮簀媛命の元に預けていたため、悲しみにくれた宮簀媛命が熱田の地に草薙神剣を篤く祀ったことが熱田神宮の始まりと伝わる。

熱田大神の他、草薙神剣にまつわる四神と日本武尊の遠征に従った宮簀媛命の兄の建稲種命を相殿神として祀り、これらの由縁から朝廷の崇敬を受けている。また、武将からも信仰され、

別宮八剣宮
（べつぐうはっけんぐう）
新造の宝剣を納めるため、和銅元年（708）に鎮座、熱田大神を祀る。社殿は本宮同様の神明造り。織田信長、豊臣秀吉、徳川家康などの武将が崇敬した

信長塀（のぶながべい）
桶狭間の合戦に勝利した織田信長が奉納した日本三大土塀の一つに数えられる信長塀

清水社
水を司る神、罔象女神（みずはのめのかみ）を祀る

清水社のお清水
眼や肌にご利益があると伝わる清水が湧く。また、中央の石に柄杓で３度水をかけると願いが叶うとも言われる

ご利益

皇室国家の安泰・家内安全・無病息災・縁結び・安産・交通安全・厄除・学業成就・商売繁盛

出雲を繁栄させ、たくさんの子供をもうけた大国主大神は「国土」「福」「縁結び」「商売繁昌」「医療・医薬」「農耕」「温泉」「醸造」の神として知られる

ご利益スポット

大楠
手水舎の北側に位置する、弘法大師空海が植えたと伝わる樹齢1000年以上の楠の大木。金運にご利益があるとも伝わり、携帯電話の待ち受け画面にする参拝者もいるとか

織田信長が桶狭間の戦いの前に祈願をしたことで知られており、古くから「熱田さま」、「宮」と呼ばれ親しまれている。

神社 DATA

創　建／景行天皇 43（113）
主祭神／熱田大神《あつたのおおかみ》

参　参拝自由（ご神印受付７時〜日没迄）
※季節により異なる
交　名鉄神宮前駅より徒歩３分
住　愛知県名古屋市熱田区神宮１-１-１
☎ 052-671-4151

開運！ご利益神社

霊験あらたか　エリア別ご利益神社

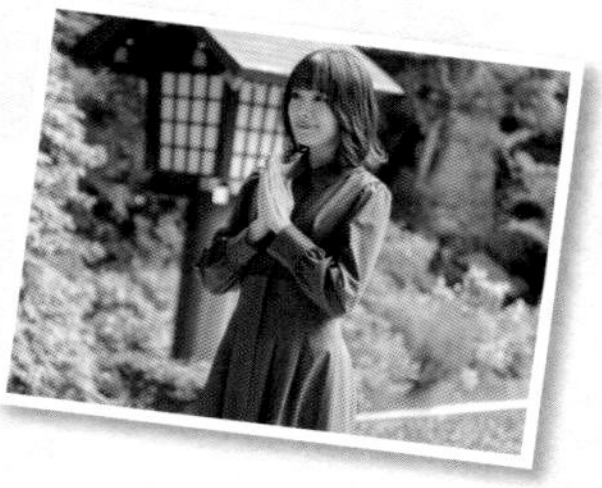

十二支神社へ行ってみよう！

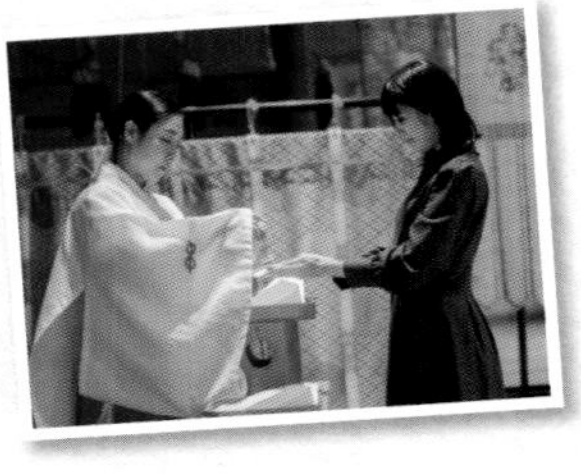

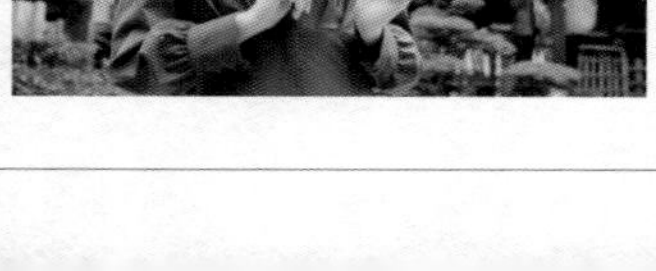

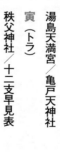

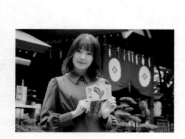

開運！
厳選神社のご朱印めぐり

神社参拝の証として受ける「ご朱印」はお守りや絵馬などと同様に人気の授与品です。
今回は、有名な神社が集まる東京の中でも、
特に格式の高い神社のご朱印を厳選して紹介します。
電車をうまく乗り継げば、１日で全社を巡ることも可能です。
さぁ、ご利益のある神社のご朱印めぐりにさっそくチャレンジしてみましょう！

明治神宮　東京大神宮　日枝神社　大國魂神社

東京大神宮

明治神宮

日枝神社

大國魂神社

東京大神宮

◉東京都・飯田橋◉とうきょうだいじんぐう

社殿を背景に記念の一枚を

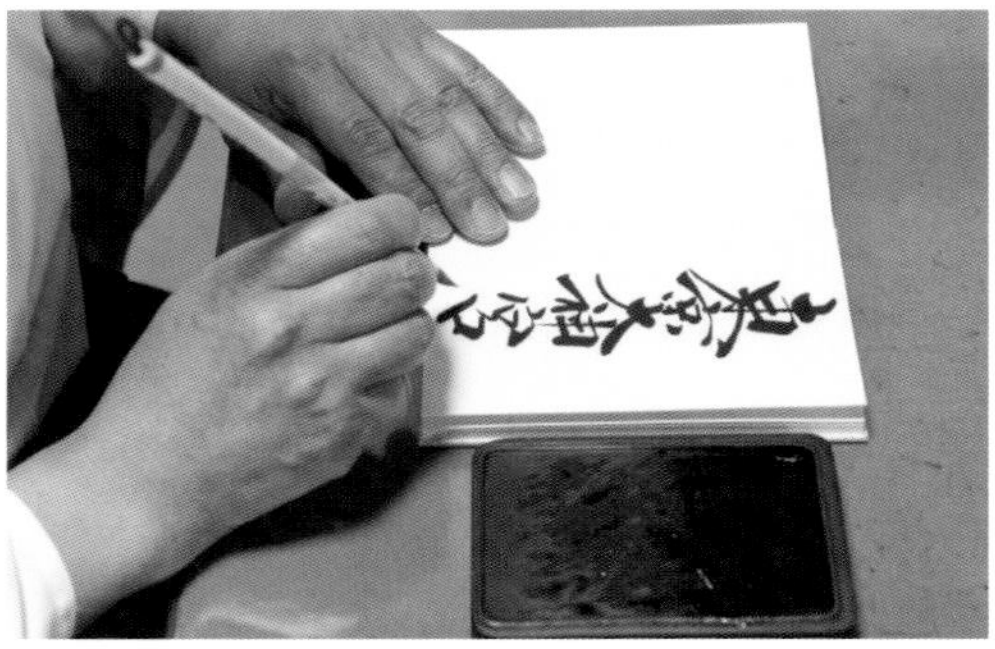

ご朱印は社殿左側の朱印所で受付

ＪＲ、地下鉄各線が乗り入れる、アクセスが便利な飯田橋駅から徒歩５分の東京大神宮。

明治13年（１８８０）、伊勢神宮の遥拝殿として創建されて以来、東京にいながら〝お伊勢参り〟が叶う「東京のお伊勢さま」と称され親しまれている。

また、神前結婚式を最初に行った神社であり「縁結びの神社」ともいわれ、良縁を願う参拝者が多く訪れる。

御祭神は伊勢神宮と同じく天照皇大神と豊受大神。さらに、結びの働きを司る「造化の三神」をあわせ祀っている。「良縁」は恋愛だけにとどまらず、学校や会社との縁なども結んでくれることから受験生や就職活動中にお参りする人も多い。

ご朱印帳は３種類。東京大神宮の結婚式でのみ舞われる、雄蝶雌蝶《おちょうめちょう》の姿の巫女の舞、「豊寿舞《とよほぎのまい》」にちなんだ蝶の柄が人気だと言う。

ご朱印を待っている間は、良縁にご利益のある種類豊富なお守りやおみくじを選んだり、境内に設置されている休憩スペースで一息つけるのが嬉しい。

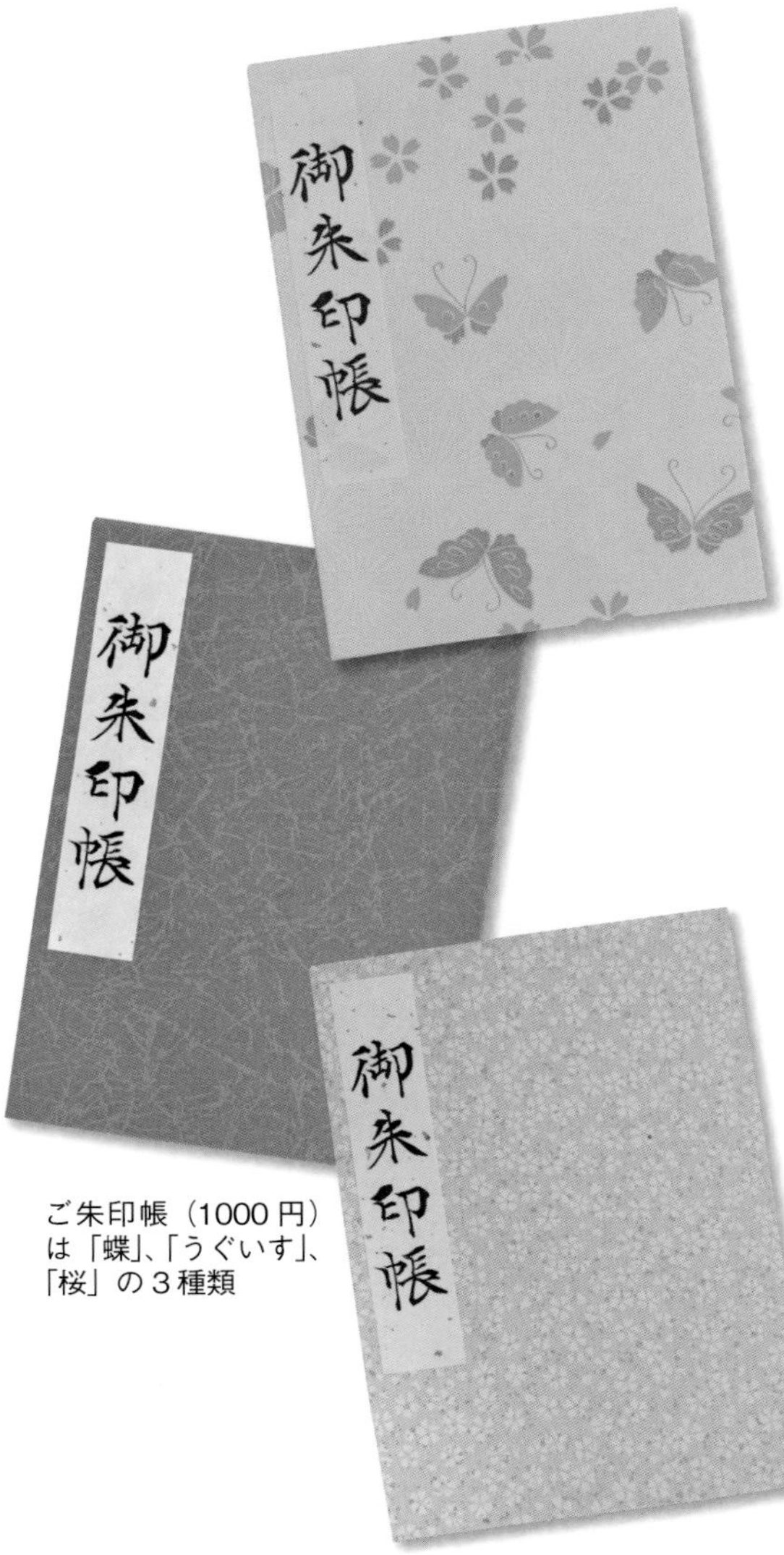

ご朱印帳（1000 円）は「蝶」、「うぐいす」、「桜」の３種類

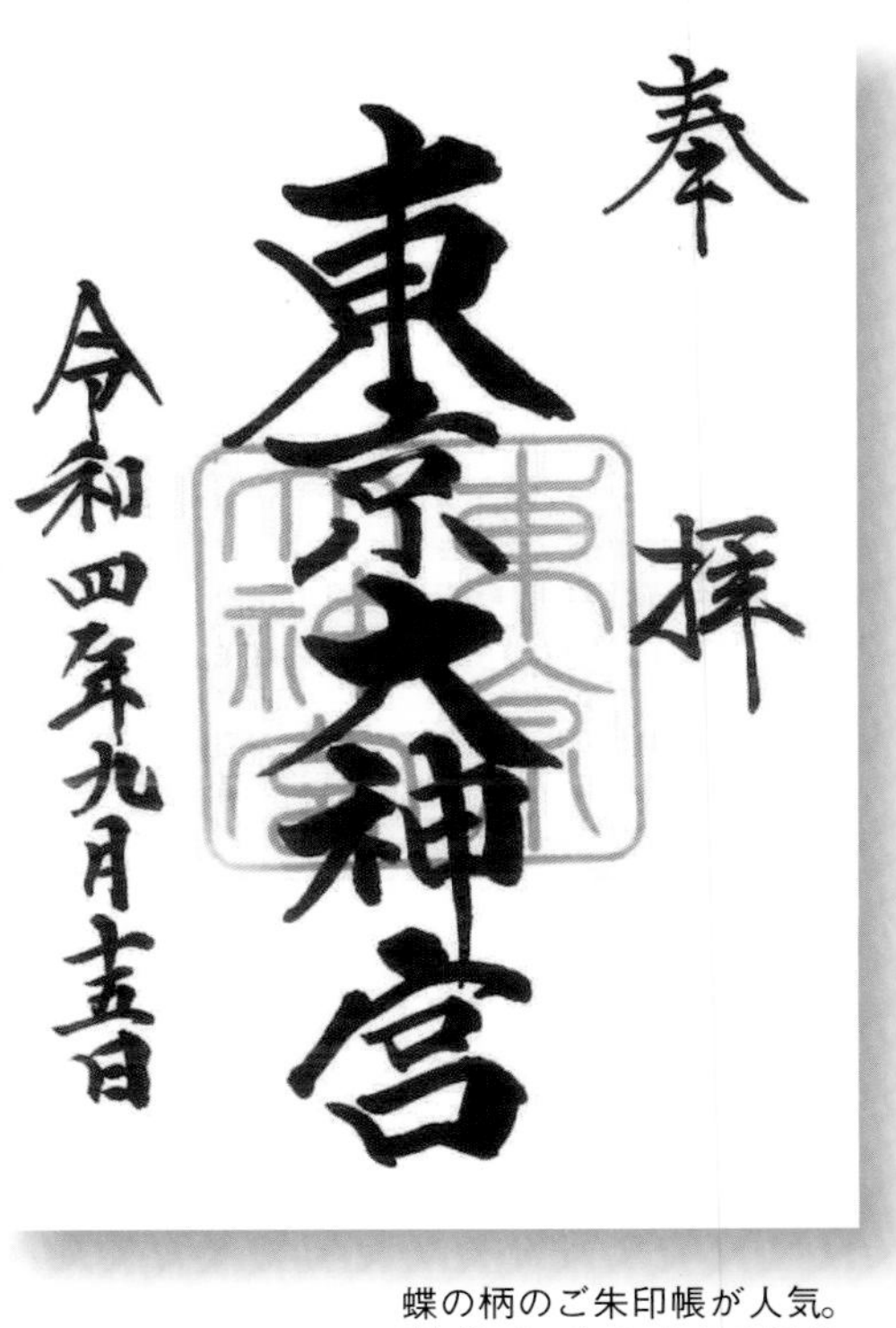

蝶の柄のご朱印帳が人気。栞（しおり）にもなる縁結びみくじと一緒に受ける参拝者が多いそうだ

歌人の恋の歌が記された縁結びみくじ（200 円）。ほのかに花の香りが付いていて、美しい色合いがご朱印帳の栞にぴったり

40 種類以上ある授与品の中から自分にふさわしいものをじっくりと選びたい

ご朱印を待っている間に休憩スペースを利用できるのがうれしい

緑あふれる境内には趣向を凝らした庭木も

神社 DATA

創　建／明治 13 年（1880）
主祭神／天照皇大神　豊受大神

参　6 時～ 21 時（授与 8 時～ 19 時、御朱印 9 時～ 17 時／ 500 円）
交　JR、東京メトロ、都営地下鉄飯田橋駅から徒歩５分
住　東京都千代田区富士見 2-4-1　☎ 03・3262・3566

日枝神社

◉東京都・永田町◉ひえじんじゃ

社殿を背景に記念の一枚を

「皇城之鎮」（皇居の護りという意味）が力強く書かれている日枝神社の御朱印

東京メトロ5路線4駅から徒歩5分の圏内に位置し、日本の中心である皇居や国会議事堂、首相官邸を守護する格式の高い神社。

山王と呼ばれる山の神をお祀りしている神社では、山の神様の使いが猿である事から、狛犬ではなく、夫婦の猿が置かれている。

商売繁盛、社運隆昌の神としても知られ、江戸時代には徳川将軍家からも篤く敬われていた。毎年、数多くの企業が祈祷に訪れると言う。

ご朱印には社紋の二葉葵が上下に押されており、皇居を守る意味の「皇城之鎮」の文字が書かれている。ご朱印帖やご朱印帖巾着は可愛らしい神猿の紋をあしらったものが人気。

また、物事を良い方向に導く「みちびらき」のご利益で有名な猿田彦神社など末社のご朱印は三が日に受けられる。

毎年受けに来られる参拝者もいるほど注目されているご朱印だ。

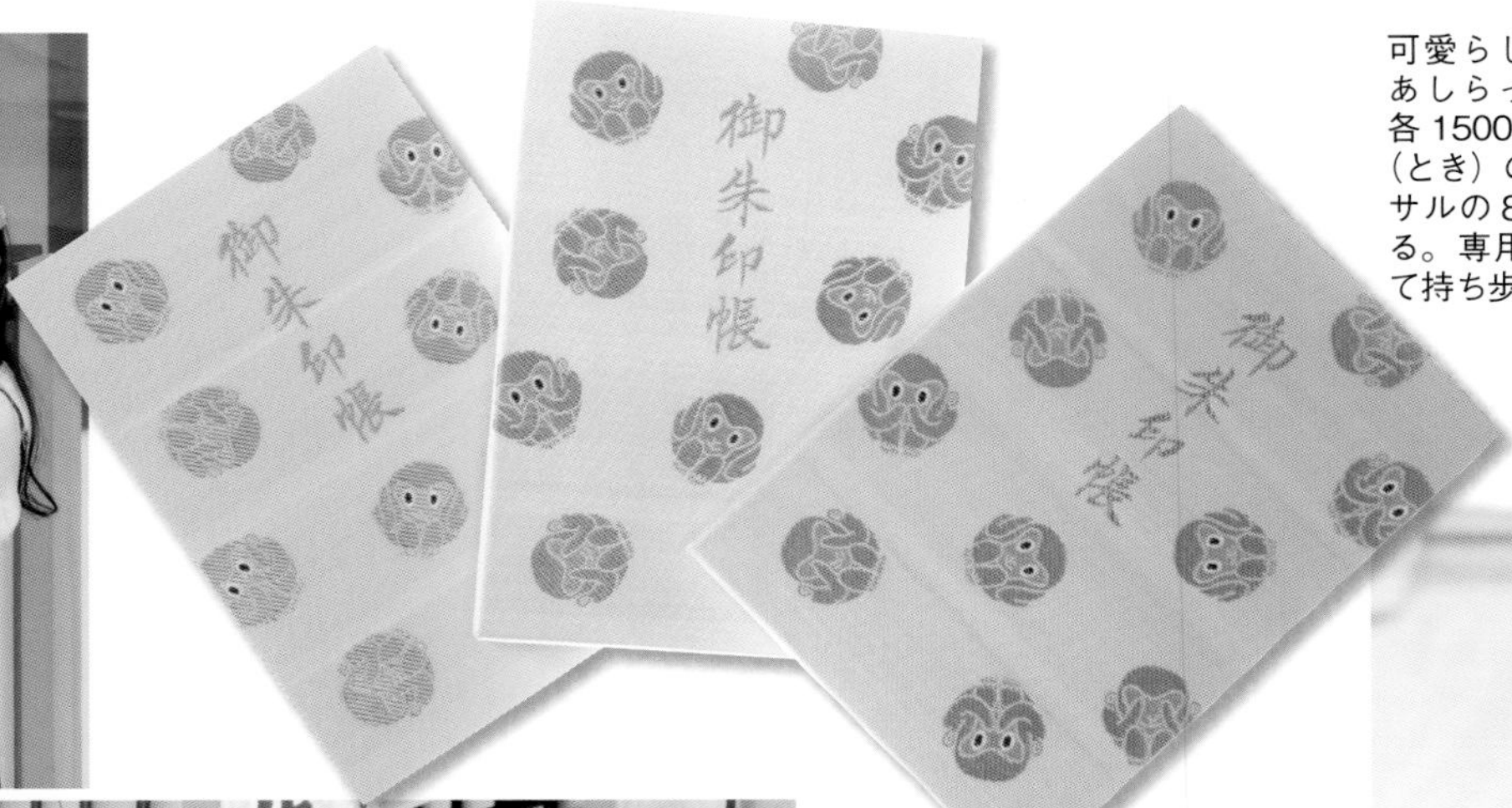

可愛らしい神猿の紋をあしらったご朱印帖は各1500円青・黄・鴇（とき）のほか、白・緑・サルの8種類から選べる。専用の巾着に入れて持ち歩いてみては

ご朱印などの授与品は参拝後にいただこう

日本画家上村松園が描いた「日吉まいりの図」が表紙のご朱印帖（1500円）と府社列格150年を祈念したご朱印帖（1500円）

正月三が日と各社の例祭日限定で受けられる末社のご朱印

山王橋参道には上り、下りともにエスカレーターが設置されている

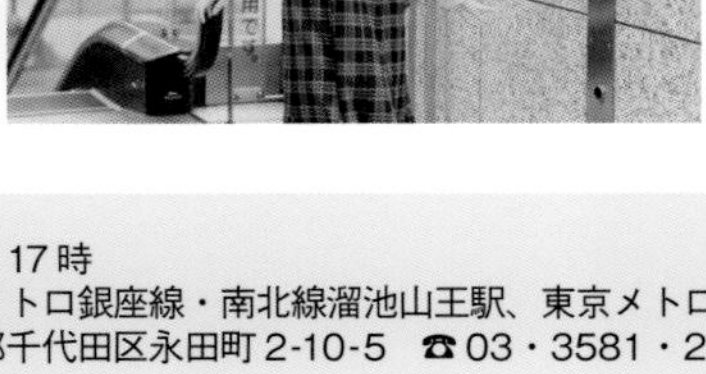

神社 DATA

創　建／**鎌倉時代初期**
主祭神／**大山咋神《おおやまくいのかみ》**

参 6時～17時
交 東京メトロ銀座線・南北線溜池山王駅、東京メトロ千代田線赤坂駅から徒歩3分
住 東京都千代田区永田町2-10-5　☎03・3581・2471

明治神宮

◉東京都・原宿◉めいじじんぐう

高貴な印象の紫の御朱印帳は 1500 円

木造の鳥居としては日本最大級。木々のトンネルのような参道を進む。

JR原宿駅や東京メトロ千代田線明治神宮前〈原宿〉駅からほど近く、目前には、約70万平方メートルの広大な森、明治神宮の御神域が広がる。

銅板屋根が黄金色に輝く本殿には、その清々しい森々とした樹木の中を大自然の息吹を感じながら、10分ほど進んでいく。広大な境内にはご利益スポットの他、レストラン、カフェ、売店、宴会場やミュージアムまでもあり、全てを楽しむためには時間に余裕をもって訪れたい。

ご朱印には皇紀が印されており、祭神として明治天皇と昭憲皇太后を祀っている皇室ゆかりの神社であることを実感できる。

御苑は湧水の清正井《きよまさのいど》をはじめ、四季折々に楽しめる庭園となっている。

パワースポットとして知られるクスノキの巨樹「タコ足の楠」と奇岩「亀石」。境内の枯損木が活用されている「杜のテラス」は人気のカフェ店

⛩神社 DATA

創　建／大正 9 年（1920）
主祭神／明治天皇《めいじてんのう》　昭憲皇太后《しょうけんこうたいごう》

参　日の出～日の入（月により異なる）
交　山手線原宿駅、東京メトロ千代田線・副都心線明治神宮前＜原宿＞駅から徒歩 1 分
住　東京都渋谷区代々木神園町 1-1　☎ 03・3379・5511

大國魂神社

◉東京都・府中◉おおくにたまじんじゃ

府中市清水が丘に鎮座する摂社・瀧《たき》神社。絶えることなく澄んだ水が流れ落ちていることから「お滝神社」とも呼ばれる。例大祭では神事の前に、神職はこの滝で心身を清める

東北地方を神威によって治める意図により、源頼義が永承６年（1051年）に南向きであった社殿を北向に改められたといわれている

出雲の大国主神と同神である大國魂大神（おおくにたまのおおかみ）を武蔵国の守り神として祀る神社

都営新宿線と相互乗り入れをしている京王線府中駅から徒歩5分の大國魂神社。天然記念物のけやき並木道の先、二本の御神木の間に御影石製では日本最大級の大きさと言われる鳥居が立つ。

111年5月5日の建立と伝わるほど、神社の歴史は古く、大化の改新後には武蔵の国府がおかれ、儀式などを執り行うために、国内の諸神を配祀したとされる。

諸神を合祀した武蔵国の総社であることから、ご朱印には「武蔵總社」の文字が印されている。

ご朱印授与後に、徳川家康公ゆかりの東照宮や醸造の守護神である松尾神社など、境内にある摂社末社にも参拝を。

全国総社会の御朱印帳（1500円）は令制国内の神社の祭神を合祀している総社でのみ授与される

神社DATA

創　建／景行天皇41年（111）
主祭神／大國魂大神

参　開門6時～17時（4月1日～9月14日）、6時30分～17時（9月15日～3月31日）
交　京王線府中駅から徒歩5分。武蔵野線・南武線府中本町駅から徒歩５分
住　東京都府中市宮町3-1　☎042・362・2130

ご朱印の基礎知識

ご朱印とは

寺院での「納経」がご朱印の始まりと言われています。

「納経」とは、経文を現在や未来の安寧、死者の追善供養のために寺院に納めることです。また、経文の代わりに米やお金を納めることも「納経」と言うようになりました。今でも札所では、ご朱印帳ではなく納経帳と言います。

やがて、今日のように納経をせず、墨書と押し印のものをご朱印と言うようになりました。

神社でも人々のお参りが盛んになり、参詣の証としてご朱印を授与するようになったようです。

ご朱印を授与していただく時に神社へ納めるお金のことを初穂料《はつほりょう》と言い、300円か500円が多いです。

神社参拝のマナー

参拝前と後には、鳥居の前で一礼をします。境内へと進み、手水舎《ちょうずや》の水で清めてから社殿へ。

本殿前での参拝では、鈴を鳴らして、お賽銭《さいせん》を供え、感謝の気持ちを込めて礼拝します。一般的には二礼二拝一礼です。

神様へのお参りが終わったら、ご朱印を授与してもらいましょう。ご朱印を授与している場所は、ご朱印所のほか、お守りなどを授与している授与所、社務所など、神社によって異なります。

合祀《ごうし》された境内社のご朱印を授与している神社もあります。

また、兼務社（兼務神社）といって、無人の神社を近くの神社が管理し、守っていることがあり、無人の神社のご朱印を兼務社が代わりに授与していることもあります。

ご朱印の構成

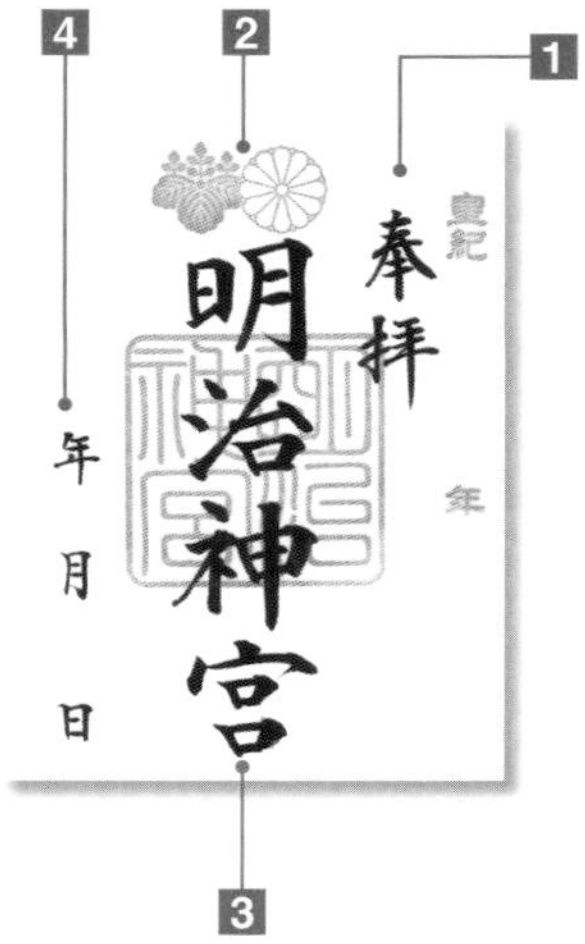

1 奉拝《ほうはい》……「つつしんで拝むこと」の意味で、右上に墨書されるご朱印が多いです。

2 神紋（社紋）……「家紋」にあたるものです。五穀豊穣の神とされる稲荷神には「稲穂」、天神社（天満宮）では菅原道真公ゆかりの「梅」などが多く見られ、植物や動物を始め様々な神紋があります。

3 神社名……中央には、神社の名が揮毫《きごう》されます。主祭神の名を墨書する神社もあります。また、中央には神社により様々な押印がされます。

4 日付……ご朱印の左側には参拝した年月日が記されるのが一般的です（左下に神社印や社務所印が押されるものもある）。

以上が、基本的なご朱印の内容です。この内容以外に、鎮座地、神社の別称、御神影、縁起物、神社にゆかりのもの、神使など、神社により様々な墨書や押し印があり、押し印が手作りの神社もあります。

特別なご朱印

神社の例祭や縁日、新年、神社の年中行事の日など、期間限定で特別に授与される特別なご朱印があります。

期間限定で受けられる日枝神社末社のご朱印

特別ご朱印ではありませんが、通常のご朱印でも、月替わりや季節替わりでデザインを変えて授与している神社もあり、新しいデザインのご朱印を授与していただくため、定期的に訪れる参拝者もいます。

ご朱印帳

ご朱印帳も様々な装丁、デザインがあります。木製や刺繍《ししゅう》を施したもの、あるいは地元の伝統工芸品の和紙や銘仙を使用したものなど、多彩です。自分が気に入ったご朱印帳を入手し、参拝していきましょう。

女性に人気の東京大神宮のご朱印帳

ご朱印に関する留意点

・ご朱印は先に述べましたように、納経がその始まりとされる信仰の対象です。近頃ではネットオークションなどで転売されることもあり、問題視されています。ご朱印帳は自宅の神棚に納めるなど、大切にしてください。

・神仏習合の歴史をもつ我が国ですが、注意を払いたいことがあります。寺院で授与していただいたご朱印帳で神社にご朱印を求めると、忌避されるケースがあります。その逆に、神社のご朱印帳を渡すと忌避する寺院もあります。神社と寺院と両方で参拝をするのであれば、神社のご朱印帳と寺院のご朱印帳とそれぞれ持参するのが無難です。

・ご朱印帳に直接、墨書や押し印をせずに、あらかじめ紙にしたためておいた「書き置き」を授与するケースや、特別ご朱印の授与を中止にしている場合もありますので、神社の公式ホームページやSNSなどがあれば、事前に確認しておくとよいでしょう。

開運！ ご利益神社

日本には八百万《やおよろず》と言われるほど、多くの神様がおられます。
ご利益も健康運、金運、仕事運、恋愛運などさまざま。
中にはちょっと変わったご利益も。
お祀りしている神様、創建時期、由緒、摂社に末社、ご神木など、
参拝する神社や神様のことをより深く知ることで運気をさらにアップさせましょう！

JR 飯田橋駅から徒歩5分の好立地に鎮座

◉東京都・飯田橋◉とうきょうだいじんぐう

東京大神宮

伊勢神宮の神々を祀る「東京のお伊勢さま」
神前結婚式創始の神社で幸せのご縁を結ぶ

ＪＲ、東京メトロ、都営地下鉄飯田橋駅から徒歩5分。主要駅からのアクセスが良く、都心にありながら豊かな緑と静けさに包まれた東京大神宮。

御祭神は伊勢神宮（内宮外宮）と同じ天照皇大神と豊受大神を祀っていることから、「東京のお伊勢さま」と称され親しまれている格式高い神社だ。

江戸時代、伊勢神宮に参拝することは「お伊勢参り」といわれ、庶民にとっては憧れであり、生涯かけて叶えたい事の一つとして大きなブームとなった。

こうした歴史的背景もあり、明治の新しい国家が誕生すると明治天皇の御聖断を仰ぎ、明治13年（1880）、東京にいながらお伊勢参りができるよう、伊勢神宮の遥拝殿として創建された。

創建時は、日比谷に鎮座していたことから、「日比谷大神宮」と称され、関東大震災後の昭和3年（1928）に現在地に移ってからは「飯田橋大神宮」と呼ばれ、戦後に「東京大神宮」と改められた。

日本で初めて神前結婚式を行った神社としても知ら

れている。

明治33年（1900）、当時の皇太子殿下（後の大正天皇）の御結婚の礼が初めて皇居内の賢所《かしこどころ》の御神前で行われた。この御慶事を記念して、東京大神宮が一般の人々に向けた神前結婚式を創始した。

また、天地万物の結びの働きを司るといわれる造化の三神（天之御中主神・高御産巣日神・神産巣日神）をあわせ祀っていることから、縁結びのご利益でも名高い。良縁を願う女性を中心に多くの参拝者が全国から訪れている。

参拝時には、境内に鎮座する飯富稲荷神社にもぜひ参拝を。日比谷大神宮の時代から境内社として奉斎されている神社だ。

稲荷大神と大地主大神を祀り、「飯富」の名が示すように衣食住の神、商売繁昌・家業繁栄の神として篤い崇敬を集めている。

参拝後に、授与所でお守りやおみくじを受けて、境内でひと息ついている参拝者も多い。

良縁のご利益を求め、縁結びや恋愛成就のお守りとおみくじが人気だという。

授与品は40種類以上もあるので、願いごとや自分の好みに合うものを選び、大切に身につけたい。

オフィス街とは思えない緑豊かな境内

四季を感じてもらえるよう境内は季節の花々や木々で彩られている。休憩スペースがあるので授与品を見ながら小休止できるのも嬉しい

境内社の飯富稲荷神社。九代目市川團十郎が篤い信仰を寄せていたことから、芸能にゆかりの深い神社として知られる

家内安全や厄除、良縁などのご祈祷を申し込むと、神様により近い場所で参拝することができる

雅やかな舞を神様に奉納するお神楽

感謝を込めて参拝をして、恋愛や就職など、「良縁」のご利益をいただこう

ご利益スポット
大きく枝を広げる社殿近くのご神木

千代田区観光協会の観光大使でもある愛らしいキャラクター「リラックマ」が描かれた絵馬も登場　© 2022 San-X

美しい社殿の前で、参拝の証である御朱印を手に記念撮影

お守りや御朱印などは参拝の後にいただこう

40種類以上の授与品があるので、求めるご利益に合ったお守りなどを選びたい。迷ったときは神職のに尋ねてみよう

振り出しのおみくじだけでも「おみくじ」、「縁結びみくじ」、「恋みくじ」の３種類を受けることができる

幸福をもたらす鈴蘭の二つの花が一つに結ばれている鈴蘭守（800円）

表情や着物の柄、髪飾りなどがそれぞれ異なっている和紙人形の付き恋みくじ（200円）。恋愛成就の助言が記されている

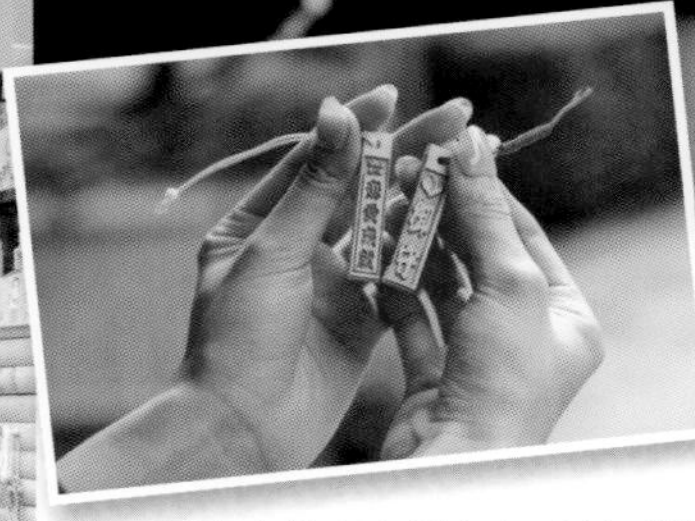

願いが実を結ぶと言われる結び札（800円）。自分の名前を記した一片を神社に納め、もう一片をお守りとして身につける

一年を通して四季の趣を感じられる境内

⛩ 神社DATA

創　建／明治13年(1880)
主祭神／天照皇大神《あまてらすすめおおかみ》　豊受大神《とようけのおおかみ》
造化《ぞうか》の三神《さんしん》（天之御中主神《あめのみなかぬしのかみ》
高御産巣日神《たかみむすびのかみ》　神産巣日神《かみむすびのかみ》）
倭比賣命《やまとひめのみこと》

参　6時～21時（授与8時～19時、御朱印9時～17時／500円）
交　中央・総武線、東京メトロ東西線・有楽町駅・南北線、都営地下鉄大江戸線飯田橋駅から徒歩5分
住　東京都千代田区富士見2-4-1
☎03・3262・3566

ご利益

縁結び・厄除開運・家内安全・商売繁昌・交通安全・学業成就

天照皇大神と豊受大神、さらに倭比賣命を奉斎し、結びの働きを司る造化の三神をあわせ祀っている

緑の屋根と朱塗りの柱とのコントラストが美しい

（左）赤坂側参道の山王橋には上りに加え、下りのエスカレーターも設置された（中）天を見上げている山王鳥居の狛犬（右）山の神に感謝を込めて参拝し、良縁などのご利益を

◉東京都・赤坂◉ひえじんじゃ

日枝神社

山王の杜に鎮座して 日本を見守る皇城の守護神

政治の中心地にありながら、自然が溢れる高台に鎮座する日枝神社。

ご利益を授かるため政財界をはじめ各界の著名人など全国から多くの参拝者が訪れる。

起源は古く、鎌倉時代に江戸氏が武蔵野開拓の祖神、江戸郷の守護神として、山王宮を祀ったことに由来する。

その後、徳川家康が江戸城を居城とするに至り「城内鎮守の社」、「徳川曆朝の産土神」として篤く敬ったことから、歴代の将軍達からも尊崇された。庶民からも「江戸郷の総氏神」「江戸の産土神」として崇敬され、さらに、「山王さん」と今も親しみをこめて呼ばれている。

日枝神社の特徴として挙げられるのが、狛犬だけでなく、夫婦の「猿」の像が置かれていること。山の神の使いである猿は神猿《まさる》と呼ばれ、その語呂から「魔《ま》が去《さ》る」、何事にも「勝《まさ》る」として親しまれている。また、猿は「えん」とも読める事から良縁の象徴としても知られている。

参拝を終え、可愛らしい神猿のお守りなどを授与してもらったら、宝物殿へ。徳川家ゆかりの刀剣をはじめ、歴史的価値の高い文化財が展示されているのでぜひ立ち寄りたい。

写真映えのするスポット、山王稲荷神社の参道

日本を守護する神社でのご祈祷。雅かな神楽に気も引き締まる。夢御殿と呼ばれる祈祷殿では9時～16時の間、随時受付ている。本殿での祈祷は予約が必要

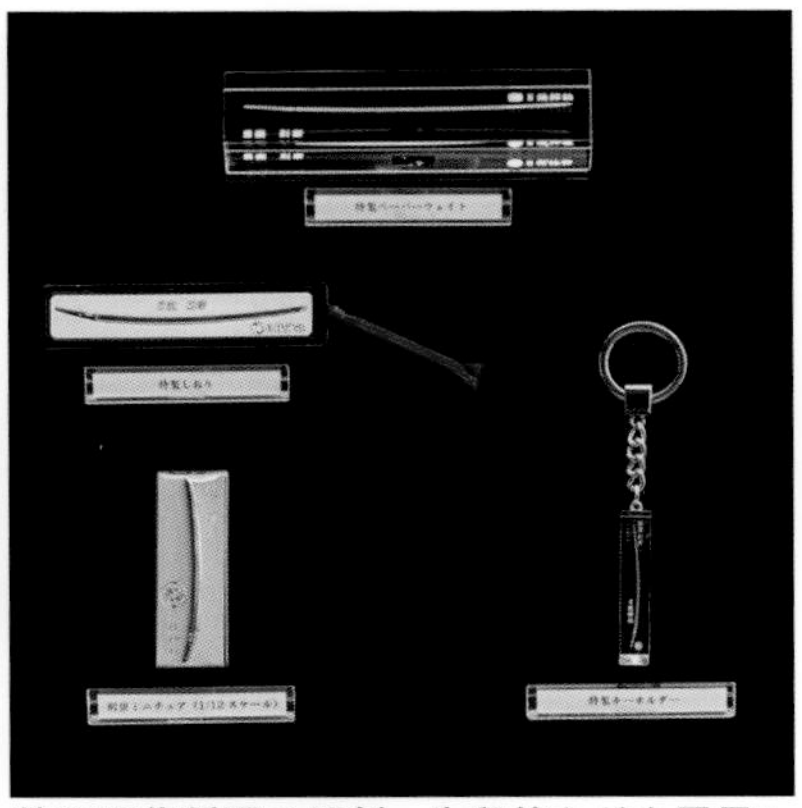

徳川歴代将軍の刀剣、朱印状などを展示している宝物殿（開館時間9時～16時、休館日は火・金曜日）。宝物殿維持管理に協賛すると国宝「則宗」を象った記念品が授与される

ご利益スポット

緑豊かな杜に山の神を祀り、政治、経済の中心地で、皇居の裏鬼門を守る格式高い神社

境内には狛犬ではなく、山の神の使い神猿像が夫婦で置かれている。家内安全や安産を祈って母猿を、厄除けや商売繁盛を祈って父猿を撫でると良いとされる

日枝神社の授与品

愛らしい末社猿田彦神社のみちびき守り。物事を良い方向に導いてくれる。大（1000 円）、小（800 円）

山の神の使いである神猿をモチーフにした可愛らしい守袋（500 円）。各種の肌守を入れる

神様の使いである狐に願いごとを書いてお供えする御眷属奉納（1000 円）

みちびき祈願の絵馬（1000 円）は「祈」と記された部分を外し、願い札として絵札とともに授与される御守り袋に入れて持つことができる。願いを記した絵馬は絵馬掛けに

神門の境内側には日本（皇居）を守護する意味の「皇城之鎮」の額が掛かる

（左）ビジネス守（1000 円）は政財界からも多くの参拝者が訪れる日枝神社ならではのお守り。また、神使の猿が子宝に恵まれ安産であることから女性のお守りも多い。（中）子授守（1000 円）と子宝守（1000）。（右）安産祈願絵馬（1000 円）と安産守（1000 円）

艶やかな社殿を背景にした画像をスマートフォンなどの待ち受け画面にする人もいるとか

山王稲荷神社を象徴する鳥居を象った祈願鳥居（1000 円）

左に山王稲荷神社、右の社殿は八坂神社と道案内・道ひらきの神、猿田彦大神を祀る猿田彦神社の両神を併せ祀る

神社 DATA

創　建／鎌倉時代初期
主祭神／大山咋神《おおやまくいのかみ》

参 6時～17時（御朱印・御守・御札の授与は8時～16時）
交 東京メトロ銀座線・南北線溜池山王駅、東京メトロ千代田線赤坂駅から徒歩３分
住 東京都千代田区永田町 2-10-5
☎ 03・3581・2471

ご利益

厄除け・安産・縁結び・商売繁盛・社運隆昌

万物の成長発展・産業万般の生成化育山と水を司り、大地を支配する神を祀る

金融街の兜町・茅場町に鎮座していることから、経営者や投資家なども多く訪れる

◉東京都・日本橋◉ひほんばしひえじんじゃ

日本橋日枝神社

金融街の中心に鎮座する“山王さん”は日本三大祭「山王祭」の御旅所

天を見上げ紫紺のマントを付けた姿が凛々しい狛犬。その狛犬が描かれた獅子守（800円）は狛犬の視線の先にあやかり、天まで届くほどの運気上昇にご利益があると言う

徳川家歴代将軍から篤く崇められていた日枝神社の摂社で、日本の金融街、茅場町に位置することから経営者や投資家から篤い信仰を受ける神社。

天正十八年に徳川家康公が江戸城に入城してより御旅所のある「八丁堀北島（鎧島）祓所」まで神輿が船で神幸されたことに始まる。

江戸時代には天満宮、稲荷社、浅間社のほか、山王の本地とされる薬師堂や閻魔堂も境内に建立され、縁日や勧進相撲が催され賑わったと伝わる。明治元年（１８６８）の神仏分離令により薬師堂と同別当智泉院は当地から移転。参拝者から山王さん・御旅所・摂社など、親しみを込めて呼ばれている由緒ある神社。

「山王御旅所」と揮毫されている
日本橋日枝神社のご朱印

金融街を象徴する「株」と語呂を合わせた「蕪」と兜のマークが入ったご朱印帖とご朱印を受けると参拝記念として授与されるストラップと栞のセット。栞には狛犬と船での渡御シーンが両面に描かれている

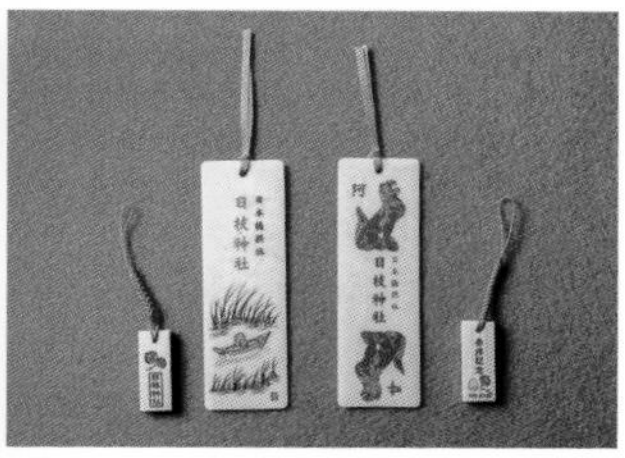

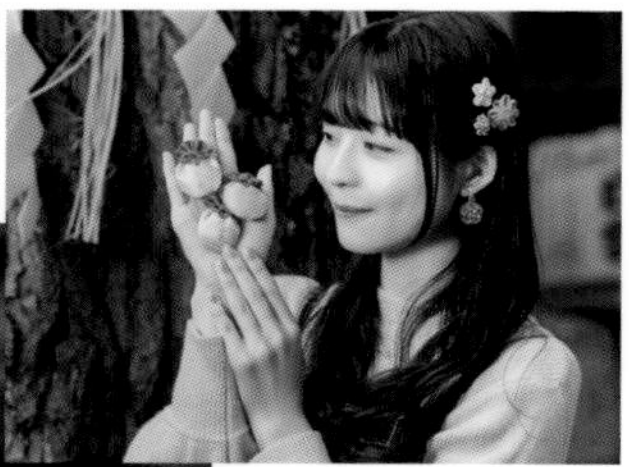
金融街ならではの可愛らしい「かぶ守」（1000円）

社殿前の大銀杏のご神木。実際に触れてご神力をいただこう

ご利益スポット

毎月平日の1日、15日と一粒万倍の日限定の特別祈祷で授与される「金のかぶ守」。運気や株などの財運の上昇祈願だけでなく自身の株を上げる参拝者もいるとか。要予約

神社 DATA

創建／**寛永年間**

主祭神／**大山咋神《おおやまくいのかみ》**

参　参拝自由（御朱印・御守・御札の授与は8時~16時）
交　東京メトロ東西線・日比谷線茅場町駅から徒歩1分。東京メトロ銀座座線・東西線、都営地下鉄浅草線日本橋駅から徒歩5分
住　東京都中央区日本橋茅場町 1-6-16
☎ 03・3666・3574

ご利益

厄除け・安産・
縁結び・商売繁盛・
社運隆昌

山の神を祀る日枝神社の摂社

子授け矢と桜が一緒になった根付けの子授け守（1000円）

ご祭神の偉業をたたえ、多くの国民の献金で造営された神社

◉東京都・原宿◉とうごうじんじゃ

東郷神社

若者で賑わう竹下通りに隣接する緑豊かな社は都会のオアシス

年間を通じ多くの人で賑わう都内有数の人気スポット原宿・竹下通りに隣接しているにもかかわらず、鳥居をくぐりご神域に一歩踏み入ると、そこには、都心とは思えないほどの豊かな緑と自然美に溢れる安らぎの空間が広がっている。

ご祭神は明治、大正、昭和に奉仕した至誠《まごころ》の人として今でも尊敬されていて、日露戦争の聯合《れんごう》艦隊司令官として尽力し日本を勝利に導いた東郷平八郎。

境内には広々とした庭園があり、写真が映えるスポットとして人気の池に架かる折橋が。のんびり泳ぐ鯉、甲羅干しをする亀などゆっくりと優しく流れていく景色に自然と心が落ち着いてくる。また、鯉には、餌（200円）をあげることもできるのが嬉しい。

東郷神社での挙式も最近注目をされていて、境内隣接の「ル アール」で披露縁を挙げるカップルも多いと言う。折橋の緋毛氈上を参進する花嫁・花婿の姿をみかけると運気が上がるとも。

日露戦争での勝利に由来して、「勝」の字をとった勝利のお守り「勝札」、限られた日に頒布される「強運守」や、「勝利、至誠、強運」にご利益のあるオリジナルの各授与品を求める参拝者が多い。

原宿駅方面から竹下通りを明治通りに向かって進み、左手側２本目の横道に見える案内板と甘味処「東郷茶屋」を目印に。表参道は明治通り沿い

人気の授与品

原宿の名物、クレープを象った、人気のセレクトショップ BEAMS とのコラボレーションをした「しあわせ守」（1000 円）

「勝って兜の緒を締めよ」と書かれた「必勝祈願絵馬」（500 円）は合格祈願に人気

士気を鼓舞するために掲げられたＺ旗が刺繍されている「勝守」（800 円）

ご祭神の直筆である「勝」の文字が焼印されている「勝札」（700 円）

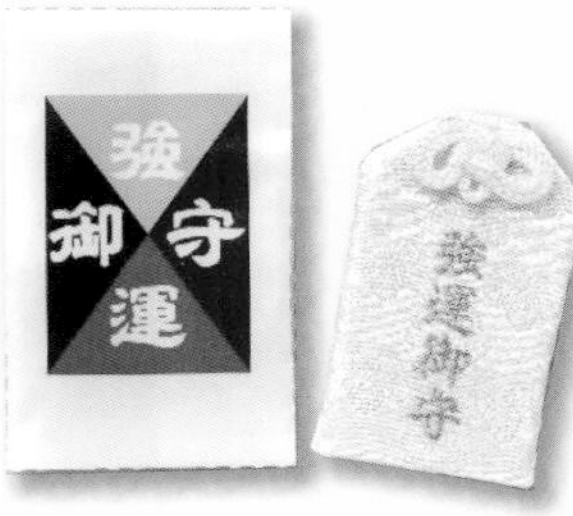

毎月１日と５月 28 日、30 日、12 月 22 日の 15 日の日限で授与される「強運守」（1000 円）

「合格を勝ちとる」、「学業の成功を勝ちとる」などの願いが込められている「学業守」（700 円）

キティちゃんがＺ旗を振る、健康お守りの「東郷元帥ハローキティ守」（500 円）

東郷平八郎と妻テツの夫婦仲にあやかった「夫婦守」（1500 円）

縁結びの意味が込められている水引に、恋愛成就の心を込めたご祈祷を受けている「恋勝守」（1000 円）

幾たびも困難を乗り越えて日本を勝利に導いたご祭神のご利益が授けられている「厄除守」（700 円）

注目情報

折橋を参進する姿が写真映えをすると、東郷神社での挙式＆披露宴が人気だとか。神社に隣接する披露宴会場の「ル アール東郷」は世界的建築家の隈研吾氏が設計

神社 DATA

創　建／**昭和 15 年 (1940)**

主祭神／**東郷平八郎命《とうごうへいはちろうのみこと》**

参　６時〜17 時（４月〜 10 月）６時 30 分〜17 時（11 月〜３月）

交　山手線原宿駅から徒歩３分、東京メトロ千代田線・副都心線明治神宮前＜原宿＞駅から徒歩５分

住　東京都渋谷区神宮前 1-5-3

☎ 03・3403・3591

ご利益

勝運・仕事運・学業成就・必勝祈願・商売繁盛・渡航安全・夫婦和合

日本海軍を率いて、国難にあたった東郷平八郎を祀っている。民意が大きな力となって創建された神社。勝負運にご利益があると言う

ご利益スポット

広大な池に架かる折橋では、結婚式の参進がおこなわれている事も。四季折々の風景が楽しめるので、参拝後の散策に心が和む

緑豊かな永遠の杜に鎮座

２本のクスノキが寄り添うように立つ、ご神木の「夫婦楠《めおとくす》」は縁結び、夫婦円満、家内安全の象徴。明治天皇と皇后の昭憲皇太后の仲が睦まじかったことから恋愛成就のご利益があると伝わる

隈研吾氏の設計による「明治神宮ミュージアム」

ご祭神の和歌が書かれたおみくじ「大御心」

運気上昇のスポットとしても有名な明治神宮御苑にある加藤清正が掘ったと言われる清正井《きよまさのいど》

◉東京都・原宿◉めいじじんぐう

明治神宮

明治天皇ご誕生 170 年。初詣の参拝者数、日本一のまごころを継ぐ永遠の杜

鎮座１００年余。明治天皇と皇后の昭憲皇太后を祀り、人々が静かに祈りを捧げられる「永遠の杜」を目指して造られた都内屈指の神社。数多くの社が鎮座する東京の中でも特別に格式の高い「東京五社」にも名を連ねている。

約70万平方《メートル》もある広大な敷地には、全国から献木された10万本が植えられた人工林が広がり、原宿口、代々木口、参宮橋口の各入口から社殿までは歩いて10分程度はかかる。

例年、初詣の参拝者数が日本一ということもあり、全国的な認知度も高いのだが、普段は大変静かな環境で、都民の憩いのオアシスとなっている。

境内には、国の重要文化財に指定されている三間社流造りの本殿や社殿のほか、国内初期の鉄筋コンクリート建築の宝物殿、明治天皇、昭憲皇太后ゆかりの品が展示されている明治神宮ミュージアムなど見どころも満載。

また、季節の花々を愛でることができるスポットとしても知られている。社殿南の御苑は、明治天皇が皇后の健康のため遊歩庭園として、加藤家、井伊家の下屋敷の庭園を整備させたもの。当時、植えられた花菖蒲80余種も、現在では約150種1500株に増え、初夏には参拝後に訪れる人が多い。

ご利益

国家安泰・夫婦円満・家内安全・縁結び

明治天皇と皇后の昭憲皇太后の仲が睦まじかったことから恋愛成就の御神徳があるといわれる

⛩ 神社 DATA

創　建／**大正 9 年（1920）**

主祭神／**明治天皇《めいじてんのう》　昭憲皇太后《しょうけんこうたいごう》**

参　日の出～日の入（月により異なる）

交　山手線原宿駅、東京メトロ千代田線・副都心線明治神宮前<原宿>駅から徒歩１分

住　東京都渋谷区代々木神園町 1-1

☎ 03・3379・5511

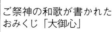

鎌倉時代に創建され、東国三社の神々を祀る

亀有の地にちなんだ亀の神様をモチーフにしたお守り。境内社の北向道祖神のご利益により、足腰健康・健脚を祈願した足腰健康守と巾着柄の可愛らしい開運福亀守（各 500 円）

社殿が一望できるカフェスペース「ラ・ローズ・ジャポネ」。参拝後の休憩に利用したい

境内には人気漫画の主人公の像が

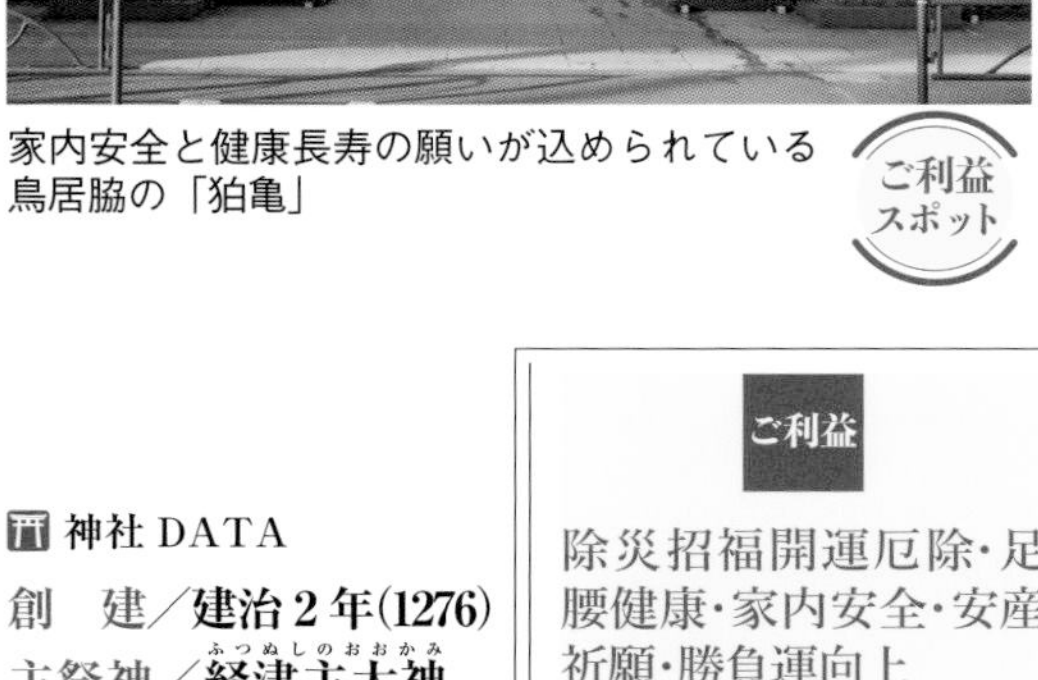

家内安全と健康長寿の願いが込められている鳥居脇の「狛亀」

ご利益スポット

◉東京都・亀有◉かめありかとりじんじゃ

亀有香取神社

闘いの神が導く勝利と開運厄除
健脚・美脚祈願でも名高い古社

香取大神宮の経津主大神、鹿島神宮の武甕槌大神、息栖神社の岐大神と、東国三社の三社明神を祀る鎮守様として古くから親しまれている神社。鎌倉時代の創建と伝わり、約740年もの歴史を重ねる。

ご祭神が闘いの神・道案内の神であることから、スポーツの神様として敬愛されている。アスリートはもちろん、足腰の健康祈願にランナーやモデルまでもが訪れる聖地としても名高い。亀有を舞台とした人気漫画の主人公像や、地名にちなむ「狛亀」も境内に配されている。また、カフェ「ラ・ローズ・ジャポネ」も併設されていて、参拝後に深い杜を眺めながら、ゆっくりと寛ぐことができる。

ご利益

除災招福開運厄除・足腰健康・家内安全・安産祈願・勝負運向上

武神である経津主・武甕槌大神が何事にも打ち勝つ勝負運や開運厄除のご利益を。導きの神、岐大神が足腰の健

⛩ 神社 DATA

創　建／**建治 2 年(1276)**
主祭神／**経津主大神《ふつぬしのおおかみ》**
武甕槌大神《たけみかづちのおおかみ》　岐大神《くなどのおおかみ》

参　参拝自由
交　常磐線亀有駅から徒歩３分
住　東京都葛飾区亀有 3-42-24
☎ 03・3601・1418

素盞雄神社

◉東京都・南千住◉すさのおじんじゃ

ご利益スポット

その樹皮を煎じて飲むと乳の出がよくなるという伝承から、現在では絵馬を奉納し、幼児の無事の成長を祈願する「子育ての銀杏《いちょう》」

古来、災厄除けの信仰が篤い千住の「お天王さま」

役小角《えんのおづの》の高弟・黒珍《こくちん》がこの地の小塚の上の奇岩に日夜礼拝すると、素盞雄大神と飛鳥大神が現れて神社創建の御神託を授けられたのが始まりという。境内の神秘的な瑞光石《ずいこうせき》がその奇岩と伝わる。

災厄除けの神様として信仰が篤く、当社創建4月8日の疫神祭や、6月の天王祭では、特に多くの参拝者が訪れる。

ご利益

総合運・厄除け・災厄除け・家内安全・商売繁昌

素盞雄大神は、牛頭天王（ごずてんのう）とも呼ばれ、ヤマタノオロチ退治や蘇民将来の神話でも有名な災厄除けの神様

⛩ 神社DATA

創　建／**延暦14年（795）**

主祭神／**素盞雄大神《すさのおおおかみ》**

飛鳥大神《あすかおおかみ》

参　6時～17時（授与所9時～16時30分）

交　常磐線、東京メトロ日比谷線、つくばエクスプレス南千住駅から徒歩8分

住　東京都荒川区南千住6-60-1

☎03･3891･8281（9時～18時）

亀戸香取神社

◉東京都・亀戸◉かめいどかとりじんじゃ

ご利益スポット

重さ4.5トン、高さ1.1メートル、最大幅2.5メートルの藤原鎌足が納めた太刀があしらわれている勝石。触ると勝負運にご利益があると言う

スポーツ振興の神を祀り、多くのアスリートが参拝する

藤原鎌足が東国に向かう際、亀島に船を寄せ、香取大神を勧請したことが創建の起源と言う。

平将門の乱で、戦勝祈願をした俵藤太秀郷が、無事に乱の平定を果たした。その奉賽として勝矢と命名した弓矢を納めたと伝わる。

この古事により、毎年5月5日、数キロに連なる武者行列が勝矢を社に献納する勝矢《かちや》祭が執り行われる。

古都・古跡12社の1社に数えられることでも知られ、アスリートを始め、勝利を願う多くの参拝者が訪れる。

ご利益

スポーツ振興・厄除け

勝矢の古事から古より歴代天皇、源頼朝、徳川家康、塚原卜伝（つかはらぼくでん）、千葉周作など、武道の修行をする人々に祖神と崇められていた

⛩ 神社DATA

創　建／**天智天皇4年（665）**

主祭神／**経津主神《ふつぬしのかみ》**

参　9時～17時

交　総武線、東武亀戸線亀戸駅から徒歩10分

住　東京都江東区亀戸3-57-22

☎03・3684・2813

福徳神社

◉東京都・日本橋◉ふくとくじんじゃ

拝殿の前に置かれている神楽鈴。宝くじなどの鈴祓を自分で行い、金運祈願をするができる。また、富籤《とみくじ》とみくじ守も人気

ご利益スポット

宝くじの当選祈願を行う参拝者が多い縁起の良い神社

貞観年間(859~876)には「稲荷の祠」と呼ばれ、後に鎮座地の福徳村と言う地名から「福徳稲荷」と呼ばれるようになった。

江戸時代、徳川家康の参拝は数度に及び、秀忠はその社号のめでたさを称賛し「芽吹稲荷」と別名を命名するなど、徳川将軍家とも関係が深く、江戸幕府より度々、富くじ興行の「御免富」や勧化が公認された。

社号の縁起の良さと、福財神である弁財天が合祀《ごうし》されていることから、今でも宝くじの当選を祈願する参拝者が多い。

ご利益

商売繁盛・宝くじ当選・チケット当選

江戸時代に「富くじ」の興行を許された数少ない社寺の一社。福財神として信仰を集める弁財天は、徳川二代将軍・秀忠により合祀された

⛩ 神社DATA

創　建／**不詳**
主祭神／**倉稲魂命《うかのみたまのみこと》**

参　参拝自由
交　東京メトロ銀座線・半蔵門線三越前駅から徒歩1分
住　東京都中央区日本橋室町2-4-14
☎03・3276・3550

小網神社

◉東京都・日本橋◉こあみじんじゃ

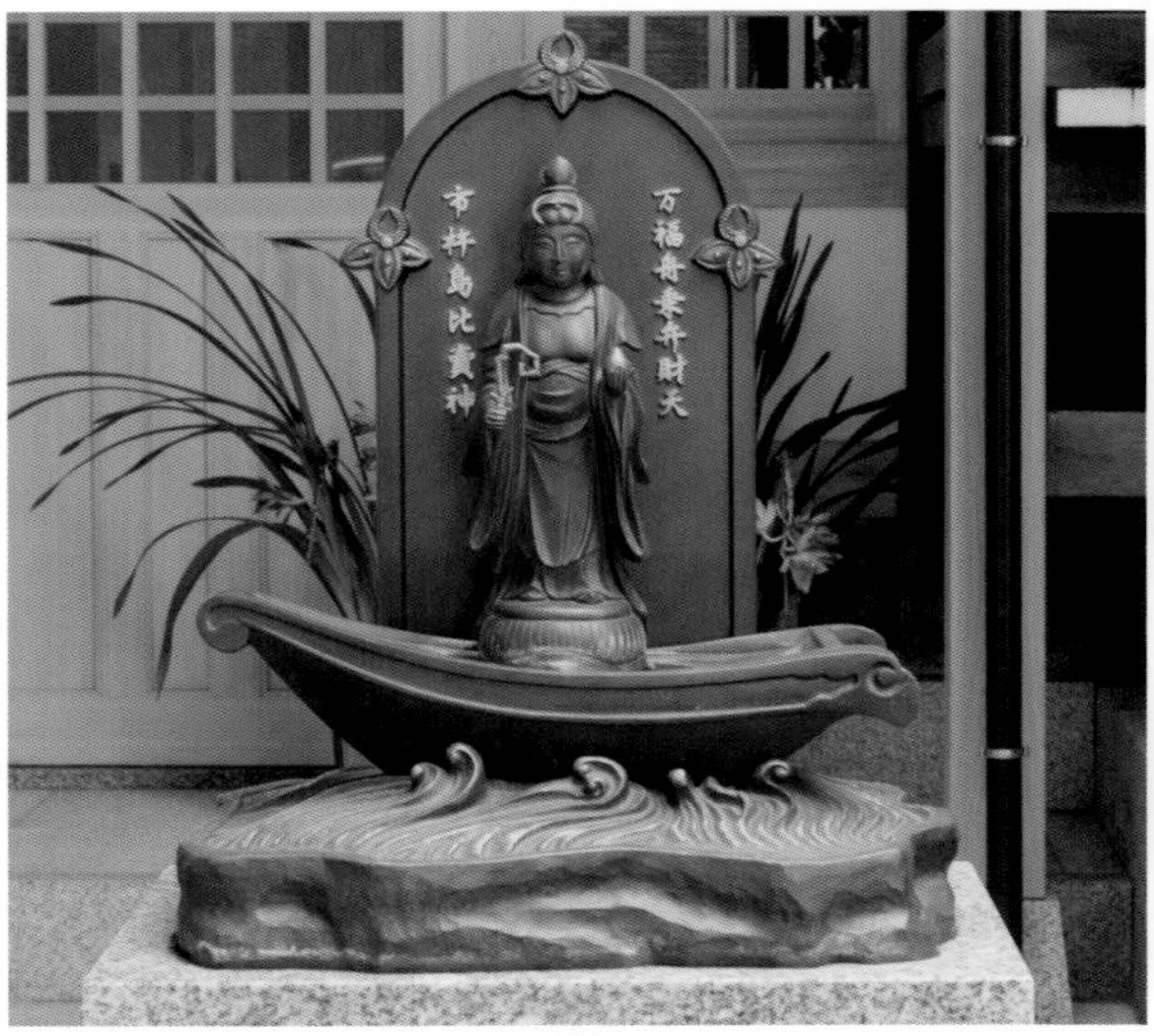

金銭を清めて財布などに収めると財運が授かるとされる「銭洗い井」

ご利益スポット

「東京銭洗い弁天」としても知られる「強運厄除け」の神社

第二次世界大戦時に、お守りを授与された氏子の出征兵士が全員生還を果たしたと言う。

さらに、東京への大空襲により、周辺が焼け野原と化す中、境内は戦火を免れたことから、強運厄除けの神様として信仰を集める。

拝殿の向拝《ごはい》にある「昇り龍」と「降り龍」の彫刻は参拝者の願いを神様へ届け、ご利益を授けると伝わり、神社のご利益にちなんだ「強運厄除けの龍」として崇敬されている。

ご利益

強運厄除け・金運・学芸成就・病気平癒・渡航安全

戦禍をも免れほどに強運・厄除けのご利益が。財運を授ける弁財天を祀っていることから「東京銭洗い弁天」とも呼ばれる

⛩ 神社DATA

創　建／**文正元年(1466)**
主祭神／**倉稲魂神《うがのみたまのかみ》**
市杵島比賣神《いちきしまひめのかみ》　福禄寿《ふくろくじゅ》

参　参拝自由
交　東京メトロ日比谷線、都営地下鉄浅草線人形町駅から徒歩5分
住　東京都中央区日本橋小網町16-23
☎03・3668・1080

神田神社（神田明神）

◉東京都・神田◉かんだじんじゃ（かんだみょうじん）

石造りの「だいこく様尊像」として日本一の大きさを誇る

ご利益スポット

「明神さま」の名で親しまれている江戸総鎮守

例年、30万人以上の初詣の参拝者で賑わい、「明神さま」の名で親しまれている全国有数の神社。東京の中心地である神田、日本橋、秋葉原、大手町など、108町会の氏神。奈良時代、出雲氏族の真神田《まかんだ》臣《おみ》によって創建され、江戸時代には江戸城の表鬼門守護として幕府によって社殿が造営され、「江戸総鎮守」として広く崇敬された。

境内には、ご祭神である大己貴命（大国主命、だいこく様）のシンボルとして、高さ6.6《メートル》、石造りの「だいこく様尊像」が鎮座する。

ご利益

商売繁盛・厄除け・縁結び・家内安全・勝負運

関ヶ原の戦いで徳川家康が先勝祈願をしたことでも有名。江戸城の表鬼門の守護神であり、江戸の総鎮守

⛩ 神社DATA

創　建／天平2年(730)

主祭神／大己貴命《おおなむちのみこと》
少彦名命《すくなひこなのみこと》　平将門命《たいらのまさかどのみこと》

参　参拝自由

交　中央線・総武線・東京メトロ丸ノ内線
御茶ノ水駅から徒歩5分ほか

住　東京都千代田区外神田2-16-2

☎03・3254・0753

日比谷神社

◉東京都・日比谷◉ひびやじんじゃ

祓戸四柱大神のご利益により、お祓いを行う霊験あらたかな社

ご利益スポット

旅人を救い虫歯も治したと伝わる祓いの神社

苦しんでいる旅人に、社務所を開放し、無病息災の祈願をしたことから「旅泊《さば》稲荷」と称された霊験あらたかな社。後に、鯖《さば》の字に変わり、「鯖稲荷」と呼ばれていた。

虫歯や虫封じにご利益があるとされ、鯖を食べることをやめる（鯖断ちをする）と完治、退治できたと言う。成就のお礼には、鯖を奉納する風習があったと伝わる。

江戸時代には神札を持して登城する慣例があり、伊達、肥後、毛利家など諸侯からも崇敬を集めた格式高い神社。

ご利益

祓い全般・虫歯平癒

伊勢の神宮外宮と同神の豊受大神と祓(はらい)を司り、日本のあらゆる罪と穢を祓い去ると言われる祓戸四柱大神を祀っている希少な神社。災厄などにより遷座を繰り返すも都度、穢れを祓ってきた

⛩ 神社DATA

創　建／不詳

主祭神／豊受大神《とようけのおおかみ》　祓戸四柱大神《はらいどのよつばしらのおおかみ》
（瀬織津比賣大神《せおりつひめのおおかみ》　速開都比賣大神《はやあきつひめのおおかみ》
気吹戸主大神《いぶきどぬしのおおかみ》　速佐須良比賣大神《はやさすらひめのおおかみ》）

参　参拝自由

交　山手線ほか、東京メトロ銀座線、都営地下鉄浅草線、ゆりかもめ新橋駅から徒歩5分。都営地下鉄大江戸線、ゆりかもめ汐留駅から徒歩2分

住　東京都港区東新橋2-1-1

☎03・3433・2034

芝大神宮

◉東京都・浜松町 ◉しばだいじんぐう

「だらだら祭り」では境内で生姜が頒布される。撤下神饌（てっかしんせん）を戴くと病になりにくいと伝わる

ご利益スポット

1000年の歴史を誇る、関東のお伊勢さまと呼ばれる神社

平安中期・一条天皇の代に創建された歴史のある神社。伊勢神宮のご祭神である二柱を主祭神としてお祀りしている。

毎年9月に行われる例大祭は、〝だらだら〟と11日間も続くことから「だらだら祭り」と呼ばれ、日本一長いと言われる祭りとして有名。また、神前に供えられた地元特産品の生姜のおさがりを食すと、病気にならなかったことから、例大祭で生姜を授与するようになったと伝わり、「生姜祭り」とも呼ばれている。

ご利益

厄除け・商売繁盛・強運・縁結び・病気平癒

伊勢神宮と同じ神を祀り、「関東のお伊勢さま」として多くの参拝者で賑わう。江戸幕府からの崇敬も篤く、当時から授与されていた「千木筥（ちぎばこ）」には縁結びのご利益が

⛩ 神社DATA

創　建／天文２年(1533)
主祭神／倉稲之魂之大神《うかのみたまのおおかみ》
伊邪那岐之大神《いざなぎのおおかみ》　伊邪那美之大神《いざなみのおおかみ》
諏訪大神《すわのおおかみ》　日本武命《やまとたけるのみこと》

参　参拝自由
交　山手線新大久保駅から徒歩１分。中央線・総武線大久保駅から徒歩３分
住　東京都新宿百人町 1-11-16
☎ 03・3361・4398

稲荷鬼王神社

◉東京都・新宿 ◉いなりきおうじん

水を浴びる音がするので武士が切りつけたところ、災難が続いたため、天保４年（1833）に奉納された手水鉢。鬼の肩には刀の痕跡が

ご利益スポット

節分では「福は内、鬼は内」。厄を除き、福を授ける鬼の王

現在の場所に勧請された福瑳稲荷が、天保2年（1831）に、鬼王権現と合祀し、稲荷鬼王神社となった。

昔より、豆腐を奉納して後、食べるのをやめる「豆腐断ち」を行い、授与された「撫で守り」で患部を撫でると治癒したと伝わる。

邪鬼の頭上に手水鉢《ちゅうずばち》をのせた石像は、水を浴びる音がするので武士が刀で切りつけたところ、災難が続いたため、刀と共に奉納されたもの。鬼の肩には刀の痕跡が残っていると伝わり、刀はいつしか鬼切丸と呼ばれるようになったと言う。

ご利益

病気平癒・厄除け

豆腐を奉納した後、豆腐を口にするのを絶つ。その後、授与された「撫で守り」で患部を撫でるとあらゆる病に効果があると伝わる

⛩ 神社DATA

創　建／承応２年(1653)
主祭神／宇賀能御魂命《うがのみたまのみこと》
鬼王権現《きおうごんげん》　(月夜見命《つきよみのみこと》 大物生命《おおものぬしのみこと》
天手力男命《あめのたじからおのみこと》)

参　参拝自由
交　山手線ほか新宿駅から徒歩15分。東京メトロ副都心線、都営地下鉄大江戸線東新宿駅から徒歩３分。西武新宿線新宿駅から徒歩７分
住　東京都新宿区歌舞伎町 2-17-5
☎ 03・3200・2904

◉東京都・新宿◉かいちゅういなりじんじゃ

皆中稲荷神社

「皆中」が「みなあたる」と読めることから、宝くじ、勝負運、合格祈願などの祈願が多いと言う。絵馬に込めて奉納しよう

ご利益スポット

宝くじや賭け事などが「当たる」と評判のお稲荷さん

射撃の腕が上がらない鉄砲組の与力の夢枕にお稲荷さんが現れて、霊符を啓示したと言う。翌朝、神社へ参拝してから、射撃をしてみたところ、すべて命中。その噂を聞きつけた旗本らも、霊符を受けてから、射撃をしてみると、全員が百発百中したと伝わる。

以来、願い事が「皆中《みなあたる》の稲荷」として評判になった。

宝くじや賭け事はもちろん、チケットの当選、受験合格、希望に合う就職や転職に良縁に恵まれるなど、「当たる」にご利益のある人気の神社。

ご利益

商売繁盛・金運・病気平癒
開運・厄除け・危難消除
的中・必勝・合格・縁結

社号や鉄砲組の古事に加え、摂末社でも運気上昇にご利益のある、開運・厄除稲荷神社、百人弁財天社、御嶽神社、三峯神社を祀っている

神社DATA

創　建／天文2年(1533)
主祭神／倉稲之魂之大神《うかのみたまのおおかみ》
伊邪那岐之大神《いざなぎのおおかみ》　伊邪那美之大神《いざなみのおおかみ》
諏訪大神《すわのおおかみ》　日本武命《やまとたけるのみこと》

参　参拝自由
交　山手線新大久保駅から徒歩１分。
中央線・総武線大久保駅から徒歩３分
住　東京都新宿百人町 1-11-16
☎03・3361・4398

◉東京都・多摩◉おのじんじゃ

武蔵国一之宮小野神社

ハート形のくぼみがあり、撫でると良縁、子授けなどのご利益があると伝わるご神石

ご利益スポット

朱色に輝く、「武蔵国一之宮」

開拓・開墾の祖神、天ノ下春命《あめのしたはるのみこと》と、災いや罪を川から海へ流す災厄抜徐の女神である瀬織津姫命《せおりつひめのみこと》を祀る。

宝亀３年（７７２）に作成の太政官符に社の記述がされている。「日本三代実録」では、元慶８年（８８４）に官位昇格、平安時代の「延喜式神名帳」で武蔵国八座の一社に数えられたとあり、「吾妻鏡」では治承５年（１１８１）の記述部分に名を連ね、南北朝時代の『神道集』には「一宮は小野大明神」と記されている由緒ある神社。

度重なる戦乱や多摩川の氾濫で衰退していくところ、徳川二代将軍秀忠によって再興された。

ご利益

厄除け・開運招福・病気平癒・縁結び

災厄抜徐の神・瀬織津姫命は悪い縁を流し、開拓の神・天ノ下春命が新たな道へ開拓、導いてくれるという

神社DATA

創　建／安寧天皇18年(紀元前531)
主祭神／天ノ下春命《あめのしたはるのみこと》
瀬織津姫命《せおりつひめのみこと》

参　参拝自由
(社務所は不在の場合有。要事前連絡)
交　京王線聖蹟桜ヶ丘駅から徒歩６分
住　東京都多摩市一ノ宮1-18- 8
☎042・338・1151

開運神社のご利益

埼玉県エリア

創建は第五代孝昭天皇の御代３年４月未の日と伝わる。社殿から南に伸びる氷川参道は、ケヤキなど約650本の樹木が織りなす癒しの空間

◉埼玉県・大宮◉むさしいちのみや ひかわじんじゃ

武蔵一宮 氷川神社

地名「大宮」の由来にもなった、武蔵国一宮

創建から2400年以上。古くは日本武尊が東夷鎮定の祈願を行い、奈良中期・聖武天皇の時代に武蔵国一宮となり、「大いなる宮居《みやい》」が現在の「大宮」の地名の由来と言われる。明治元年、東京に遷都をした明治天皇により勅祭社に定められた。

2キロにわたる参道、約3万坪の境内と広大なご神域に、社殿、舞殿、楼門、摂末社などが鎮座する。分社は約280社にも及び、埼玉県、東京都に多いと言う

ご利益スポット

拝殿の周りの５本のケヤキのご神木に、目を閉じて手を当てる参拝者の姿も見られる。古代よりご神徳が息づく神聖な地

神社DATA

創　建／孝昭天皇の御代
主祭神／須佐之男命《すさのおのみこと》　稲田姫命《いなだひめのみこと》　大己貴命《おおなむちのみこと》

参　5時30分～17時30分（5月～8月は5時～18時、11月～2月は6時～17時）
交　JR各線ほか、東武アーバンパークライン、埼玉新都市交通大宮駅東口から徒歩15分
住　埼玉県さいたま市大宮区高鼻町1-407
☎048･641･0137

ご利益

厄除け・五穀豊穣・縁結び・健康・開運招福

ケヤキなど約650本の樹木が織りなす聖なる空間の氷川参道。第五代孝昭天皇の御代3年4月未の日の創建と伝わる

川越八幡宮

◉埼玉県・川越◉かわごえはちまんぐう

ご利益スポット

２本が１つに固く結ばれた「縁結びイチョウ」に、祈願をすると良縁にめぐり合うと言う

１本に結ばれた、雌雄２本の珍しいご神木に良縁を願う

源頼信によって創祀され、築城の名手・太田道灌は分霊を川越城内の守護神として奉斎したと伝わる。以後、歴代城主からも篤く信仰された古社は令和12年（２０３０）に創建１０００年を迎える。

境内社は聖徳太子を祀る「ぐち聞きさま」など7社。「民部稲荷神社」には相撲をとった狐からお礼として打撲などへの治療術を教示された伝説が残り、足腰健康の社として多くのアスリートが訪れる。また、「縁結びイチョウ」は、ご神木に触れて参拝をすると良縁や、乳のような気根があることから安産・子宝のご利益があるとされる。

ご利益

縁結び・勝負・良縁・夫婦円満・安産・子宝

「勝負の神様」の八幡宮としても崇められ、受験生・スポーツ選手の参拝が多い

神社DATA

創　建／長元３年（1030）
主祭神／誉田別尊《ほんだわけのみこと》（応神天皇《おうじんてんのう》）

参　参拝自由
交　川越線、東武東上線川越駅、西武新宿線本川越駅から徒歩７分
住　埼玉県川越市南通町19-1
☎049·222·1396

寳登山神社

◉埼玉県・長瀞◉ほどさんじんじゃ

ご利益スポット

日本武尊が登頂前に禊をしたと伝わる「日本武尊みそぎの泉」

恵みも脅威も自然の力に宿る神々に感謝をして、心を清める

宝登山で、山火事に遭った日本武尊の危機を、神犬（オオカミ）が火を消し、山頂まで案内をして助けた。山の神の力であることを悟った尊は、山頂に祖先である第一代神武天皇と山の神の大山祇神、火の神火産霊神を祀って、この山を火止山《ほどやま》と名付けたことが始まりと伝わる。

火災盗難除け、諸難除けの守護神として知られ、森の緑に極彩色の彫刻が映えて大変に美しい本殿には、例年１００万人もの参拝者が来訪する。

ご利益

火災盗難除け・諸難除け・家内安全・商売繁盛・交通安全・金運招福

生活に欠かせない水や動植物など、山の恵みを授ける神と、燃え盛る炎で様々なものを生み出す火の神を祀る

神社DATA

創　建／景行天皇40年（110）
主祭神／神日本磐余彦尊《かんやまといわれひこのみこと》（神武天皇《じんむてんのう》）
大山祇神《おおやまづみのかみ》　火産霊神《ほむすびのかみ》

参　境内自由
交　秩父鉄道長瀞駅から徒歩15分
住　埼玉県秩父郡長瀞町長瀞1828
☎0494・66・0084

三峯神社

◉埼玉県・秩父◉みつみねじんじゃ

ご利益スポット

根元から寄り添っているモミとヒノキのご神木。意中の相手と結ばれるようお願いをすると成就すると言う

日本の美しさに平和を祈る。標高約 1100メートルに鎮座する神秘的な社

景行《けいこう》天皇の皇子・日本武尊《やまとたけるのみこと》が三峯山の山や川の自然の景観美に、国生みの二神を偲んで仮宮を立てて祀り、永遠の平和を祈願したことに始まる。

美しく連なる三つの峰とは雲取山、白岩山、妙法ヶ岳のことで、このことが社号の由来となっている。

また、境内の御仮屋神社では、日本武尊の道案内をしたと伝わるオオカミを、その勇猛・忠実さから神の使いとして祀っている。

ご利益

諸難除・火防・盗賊除・家内安全・夫婦円満・縁結び・子授け・意願成就

三峯山の不思議な霊気は大口真神（おおくちのまかみ）と言われ、あらゆるものを祓い清め、災いを除くと古くから伝わる

⛩ 神社 DATA

創　建／景行天皇 41 年（111）
主祭神／伊弉諾尊《いざなぎのみこと》　伊弉册尊《いざなみのみこと》

参　9時～16時
交　西武鉄道西武秩父駅から三峯神社行きバス1時間15分、三峯神社下車すぐ。秩父鉄道三峰口駅から三峯神社行きバス50分、三峯神社下車すぐ
住　埼玉県秩父市三峰 298-1
☎0494・55・0241

聖神社

◉埼玉県・秩父◉ひじりじんじゃ

ご利益スポット

寄り添うように立っている夫婦杉。触れると金運、夫婦円満、子宝、縁結びなどにご利益があると伝わる

和同開珎のモニュメントでもしられる日本通貨ゆかりの神社

日本で最も古い流通貨幣として知られる和同開珎。この素材となるニギアカガネ（和銅）の産出を祈念して創建された、ニギアカガネをご神体として金山彦命を祀る神社。

創建当時に採掘された和銅石13個の内、現存している大小2個の高純度の和銅石と元明天皇より下賜された和銅製の雌雄一対のムカデがご神宝として宝物殿に奉納されている。

銭神様とも親しみを込めて呼ばれて、金運にご利益があることから、多くの参拝者が訪れる。

ご利益

金運・開運

和同開珎の素材になる和銅をご神体として、鉱山の神を祀る。ご神宝の銅製のムカデ（百足）は採掘穴を百足穴と呼ぶことから鉱山とつながりが深く、足が多くお金に困らないとも言われる

⛩ 神社 DATA

創　建／和銅元年（708）
主祭神／金山彦命《かなやまひこのみこと》　国常立命《くにのとこたちのみこと》
大日孁貴命《おおひるめむちのみこと》　神日本磐余彦命《かむやまといわれひこのみこと》
元明金命《げんみょうかがねのみこと》

参　参拝自由
交　秩父鉄道和銅黒谷駅から徒歩5分
住　埼玉県秩父市黒谷 2191
☎0494・24・2106

開運神社のご利益

千葉県エリア

国家鎮護の武神を祀る、創建２６００年を超える勅祭社

◉千葉県・香取◉かとりじんぐう

香取神宮

創建も古く、国家鎮護の神として皇室から篤く崇敬されていて、伊勢神宮、鹿島神宮と並び「神宮」の社号で奉祀している三神宮の一社に数えられる。

また、全国約４００社の香取神社の総本社で下総国一之宮でもある神社。

各時代の武将からも崇敬されていて、将軍・徳川綱吉造営の本殿・楼門や空洞になった三本杉、要石など開運にご利益のあるスポットが境内に多数点在。

勝運や決断力などにご利益が得られることでも名高い。

ご利益スポット

頭頂部が凸形の要石は地震を起こす大鯰を抑えつけていると伝わる。鹿島神宮の霊石は凹形で、両宮にて頭尾を抑える

ご利益

勝運・交通安全・災難除・産業発展・海上守護・心願成就・縁結び・安産

刀剣の神の武徳が勝運、交通安全、災難除など、仕事や人生において勝利へと導く

⛩ 神社 DATA

創　建／神武天皇 18 年（紀元前 643）
主祭神／経津主大神《ふつぬしのおおかみ》

参　参拝自由
交　成田線佐原駅から佐原循環バス、または小見川駅行きバス 13 分、香取神宮下車すぐ
住　千葉県香取市香取 1697
☎ 0478・57・3211

玉前神社

◉千葉県・一宮◉たまさきじんじゃ

ご利益スポット

靴を脱ぎ、素足で時計回りに3周すると願いが叶うと言われる「はだしの道」

九十九里浜最南端に鎮座して女性の人生を見守る女神

物事の始まりを守ってくれる神様で、縁結びや子授け、出産、子育てなど、女性の一生にも深く関係する事柄を良い方向へと守り導いてくれる。源頼朝が妻・政子の安産祈願をしたとも伝わる。

実に様々な縁結びにご利益があることから、事業に関してや就職・合格などを祈願する参拝者も多い。

また、本州の東端に位置する上総国一之宮の一の鳥居は、太陽が昇る真東に向き、ご来光の道の起点になっていて、方除けや吉方参りをする人も多いと言う。

ご利益

縁結び・子授け・安産・方位除・開運・商売繁盛

物事の始まりを守護する女神は、月の働きをされるともいわれ、特に女性の一生を良い方向へ導くと

神社DATA

創　建／**不詳**
主祭神／**玉依姫命《たまよりひめのみこと》**

参　参拝自由
交　外房線上総一ノ宮駅から徒歩8分
住　千葉県長生郡一宮町一宮3048
☎0475・42・2711

千葉神社

◉千葉県・千葉◉ちばじんじゃ

ご利益スポット

分霊社「尊星殿」の東西には日天楼と月天楼があり、各々の「心の御柱」に触れると太陽の陽気・活性作用による精神・生活上の加護と月の生気・浄化作用による身体・生命上の加護が得られる

星の王「妙見様」が人の星（運命）を良い方へ導く

天の中央に位置する北極星と北斗七星の神、全ての星や方位・方角を守護する星の王とも言われ、「妙見様」と親しみを込めて呼ばれている「北辰妙見尊星王」を祀る。

人の悪い星（運命）を取り除き、善い星へと導く善星皆来《ぜんせいかいらい》・悪星退散《あくせいたいさん》と称される厄除開運にご利益がある。

また、天の中心を守護する星王であることから方位・方角に関わる災いを除く「八方除」にもご利益があると伝わり、全国から多くの参拝者が訪れる。

ご利益

厄除開運・八方除・良縁成就・合格祈願

星の王が運命を良い方向へと導く。境内には、妙見様の姥を祀り、子守り・子育てにご利益のある姥神社など14社の末社が鎮座していて、ご利益も様々

神社DATA

創　建／**長保2年(1000)**
主祭神／**北辰妙見尊星王《ほくしんみょうけんそんじょうおう》**
(妙見様《みょうけんさま》)

参　6時〜18時
交　総武線・外房線千葉駅から徒歩10分
住　千葉県千葉市中央区院内1-16-1
☎043・224・2211

開運神社のご利益

神奈川県エリア

総桧造りの御本殿は、約200名が一堂に参拝できる席が設けられている

寒川神社

◉神奈川県・寒川◉さむかわじんじゃ

1600年余りの歴史誇る「全国唯一の八方除《はっぽうよけ》」

霊峰富士を源とする相模川が育んだ、自然豊かな杜に鎮座する寒川神社。「相模國一之宮」と称され、創建は1600余年前まで遡る。

八方除とは、地相・家相・方位・日柄などに起因する、あらゆる災いを取り除き、家業繁栄、福徳円満をもたらす寒川大明神のご利益。

「全国唯一の八方除」の守護神として、源頼朝、武田信玄、徳川将軍家など名だたる武将から篤く崇敬された。現在でも多くの人がご利益を授かろうと参拝に訪れる。

ご祈祷を授与された方だけが入苑できる「神嶽山神苑《かんたけやましんえん》」には邪気を祓うご神水で知られる「難波《なんば》の小池」があり、その神社の起源に関わる池を中心とした日本庭園を巡ると、さらに運気があがると伝わる。

天体、星の位置を観測する器具である四隅の龍が特徴的な渾天儀。星の運行は人生だけではなく、国家の進むべき道をも示すと考えられていた

神様が渡る神池橋がかかる神池

神社DATA

創　建／不詳

主祭神／寒川大明神《さむかわだいみょうじん》

（寒川比古命《さむかわひこのみこと》　寒川比女命《さむかわひめのみこと》）

参　参拝自由（開門6時～日没）

交　相模線宮山駅から徒歩5分

住　神奈川県高座郡寒川町宮山3916

☎0467・75・0004

ご利益

八方除

八方除とは、地相、家相、方位、日柄などに起因する、あらゆる悪事災難を除く方災厄除のこと

ご利益スポット

御本殿傍の2本の御神木

鶴嶺八幡宮

◉神奈川県・茅ヶ崎 ◉つるみねはちまんぐう

境内社淡嶋神社の霊石。患部と交互にさすりながら、「祓え給へ、清め給へ」と３回唱えると、難病にご利益があると言う

ご利益スポット

「祓え給へ、清め給へ」と唱えて難病を祓う霊石

相模国茅ケ崎の総社として創建された八幡信仰の中心宮。源頼義が戦勝祈願をするため石清水八幡宮を勧請したことに始まる。代々、源氏により篤く崇敬された。

社殿脇の大銀杏のご神木は、源義家が植樹したと伝わる県指定天然記念物で樹齢は１０００年を超える。

境内社の淡嶋神社のご祭神、少彦名命《スクナヒコナノミコト》は、医薬、裁縫を伝える国造りの神で、病気の治療に力を尽くした。社殿脇の癌《がん》封じ石は難病を祓うと伝わる。

ご利益

病気平癒（難病封じ）

淡嶋神社に祀られている少彦名命（すくなひこなのみこと）は医薬や裁縫を伝え、国造りに協力したとされている

神社 DATA

創　建／**長元３年（1030）**

主祭神／**応神天皇《おうじんてんのう》　仁徳天皇《にんとくてんのう》**
佐塚大神《さづかのおおかみ》　菅原道真《すがわらのみちざね》

参　参拝自由
交　東海道線・相模線茅ヶ崎から小谷、西一宮行きなどのバス 15 分、鶴嶺小学校前下車徒歩３分
住　神奈川県茅ヶ崎市浜之郷 462
☎0467・82・6725

箱根神社

◉神奈川県・箱根 ◉はこねじんじゃ

山道の両側には、樹齢 600 年を超える老杉が聳《そび》え立ち、荘厳な空気に包まれる。境内や宝物殿には様々な武将ゆかりのスポットや文化財が残っている

ご利益スポット

箱根のシンボル、芦ノ湖に建つ朱塗りの「平和の鳥居」

創祀は第５代孝昭天皇の時代に遡り、聖占仙人が箱根山の駒ヶ岳に神仙宮を開き、主峰の神山を神体山として祀ったと資料にある。かつて、関東総鎮守箱根権現と称され崇敬されている名社は、箱根大神のご神託を授かった万巻《まんがん》上人が奈良朝初期に社殿を建立したと伝わる。

箱根路が東海道の要衝として整備されると、道中の安全を祈る人々や、源頼朝、徳川家康などの武将からも崇敬された。

箱根神社、箱根元宮、九頭龍《くずりゅう》神社をお参りする三社詣をすると、箱根大神と九頭龍神から一層のご利益を授かると言う。

ご利益

開運厄除・心願成就・交通安全・勝運守護・家内安全・縁結び

関東総鎮守である神社に祀られる箱根大神は開運厄除、交通安全に。芦ノ湖の守護神である九頭龍大神は開運金運、縁結びのご利益で名高い

神社 DATA

創　建／**天平宝字元年（757）**

御祭神／**箱根大神《はこねのおおかみ》（瓊瓊杵尊《ににぎのみこと》**
木花咲耶姫命《このはなさくやひめ》　彦火火出見尊《ひこほほでみのみこと》）

参　参拝自由（駐車場７時～ 17 時）交　箱根登山鉄道箱根湯本駅から元箱根、関所、箱根町行きなどのバス 40 分、元箱根または箱根神社入口下車徒歩 10 分
住　神奈川県足柄下郡箱根町元箱根 80-1
☎0460・83・7123

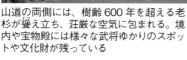

大フクロウの下の不苦労御柱を叩くと、頭上の神鳥が苦労や悩みを運び去り、金運・開運をもたらすと言われる

ご利益スポット

◉栃木県・茨城県・那珂川◉とりのこさんしょうじんじゃ

鷲子山上神社

金運・開運にご利益のある日本一の黄金大フクロウ（不苦労）

栃木県と茨城県の県境が大鳥居と御本殿の中央を通り、両県で文化財に指定される鷲子山上神社。

四国の阿波国（徳島県）に立ち寄った、大蔵坊宝珠上人が、製紙業の技術と共に守護神である天日鷲命《あめのひわしのみこと》を鷲子山に勧請したことが始まりとされる。

鳥にゆかりのあるご祭神を祀り、その神使いがフクロウであったと考えられ、境内には日本最大級の高さ7《メートル》にも及ぶ大フクロウ像をはじめ水かけフクロウなど数多くのフクロウ像が配されている。また、フクロウは不苦労と読めることから、金運、開運にご利益があるとされ、全国から参拝者が訪れる。

ご利益

金運福徳・運気上昇・厄難消除ほか

天岩戸神話で鳥にゆかりのあるご祭神を祀っている。また神使とされるフクロウは「不苦労」とも読めることから金運、開運をもたらすと伝わり、境内には多くのフクロウ像が点在している

神社DATA

創　建／大同2年（807）
主祭神／天日鷲命《あめのひわしのみこと》
大巳貴命《おおなむちのみこと》少彦名命《すくなひこなのみこと》

参　日の出〜日没まで
交　烏山線烏山駅からタクシー20分
住　栃木県那須郡那珂川町矢又1948
☎0287・92・2571

日光大室髙龗神社

◉栃木県・日光◉にっこうおおむろたかおじんじゃ

ご利益スポット

厄災を祓い清める、大山祇神のご神気が込められた境内に湧き出るご神水。「笹泉」とも言われ、笹で汲んだご神水を薬と共に服薬させた

医薬の服用時にも使われていたご神水

創建年は不詳だが、口碑では源義家が永承6年（1051）に鬼怒川の洪水をこの地に滞在をしてやり過ごしたと伝わることから、永承時代には鎮座していたと考えられる。

日光市大室字大山の山腹に鎮座し、古より正一位龗大権現と称し、大室村の鎮守として崇敬されてきた。

水の神様である龗神《おかみのかみ》より授かった雨は、山の神の加護を受け山々に浸透し蓄えられ、適量が原野へと供給される。

人々が五穀豊穣・営業繁栄にて、病や災いに遭うこともなく栄えていくことを願って祀られた神社。

ご利益

厄除・病気平癒・心願成就

霊験あらたかな「聖なる山の神（大山祇神）」、「除災・医薬の祖神（少名彦神）」、自然の地形に対応した八柱の神々を生んだ「原野を司る神（草野姫神）」を祀る。

神社DATA

創　建／**不明**
主祭神／**大山祇神《おおやまつみのかみ》**
少名彦神《すくなひこのかみ》　草野姫神《かやぬひめのかみ》

参　参拝自由
交　東武日光線・鬼怒川線下今市駅からタクシー25分
住　栃木県日光市大室1619
☎0288·26·6240

本宮神社

◉栃木県・日光◉ほんぐうじんじゃ

勝道上人が背負っていた笈と呼ばれる箱をたてかけた「笈掛石」。若返りのご利益があると伝わる

ご利益スポット

男体山信仰発祥の地は日光二荒山神社の始まり場

勝道《しょうどう》上人が男体山の神・大《おお》己貴命《なむちのみこと》を祀る祠を建てた男体山信仰の発祥の地、日光開山の契機となった聖地。

その後、現在の二荒山《ふたらさん》神社の立つ地に遷座をし、本宮神社には神みこ子である太郎山の神・味耜高彦根命を祀り今に至る。「本宮」でありながら二荒山神社の「別宮」とされるのはこれが理由である。母で女峰山の神・田心姫命《たごりひめのみこと》を祀る瀧尾神社も「別宮」とされ、合わせて「日光三社」と呼ばれている。

若返りのご利益のある「笈掛《おいかけ》石」や「開運の石鳥居」、「開運笹」、「開運石」、ご神木の「こぶ杉」など開運スポットが多い。尚、ご朱印は「二荒山神社」で授与される。

ご利益

開運・厄除

日光に社寺が創建される契機となった始まりの神社であることから、開運のご利益があると言う。「日光三社」を参拝すると運気がさらに上がるとも言われる

神社DATA

創　建／**大同3年（808）**
主祭神／**味耜高彦根命《あじすきたかひこねのみこと》**

参　参拝自由
交　日光線日光駅から世界遺産めぐりバスなど7分、神橋下車徒歩1分。東武日光線東武日光駅から世界遺産めぐりバスなど4分、神橋下車徒歩1分
住　栃木県日光市山内2384
☎0288・54・0535
（日光二荒山神社社務所）

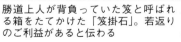

開運神社のご利益

群馬県エリア

7階建てのビルに相当する大きさの日本一のだいこく様。小槌の代わりに災いを祓う剣を手にして雄大な妙義山にそびえ立って、厄や病などの悪性を祓い、福を招くとされる

ご利益スポット

妙義山の大自然の中に鎮座する「日本一のだいこく様」運気上昇の社

◉群馬県・下仁田◉なかのたけじんじゃ

中之嶽神社

約3000年前の縄文時代から信仰されてきた妙義山の「轟岩」をご神体とし、日本武尊（勝利・成功の神）を奉斎している。

境内社の甲子大國神社は弘仁10年（819）に弘法大師空海が大國主大神を奉斎し建立。江戸時代には上野国小幡藩の鎮守社として、織田家・松平家から篤い崇敬を受けた。

平成17年（2005）には高さ20《メートル》の「日本一の大きさを誇る大國主大神像」が建立。

神の気・山の気で癒される運気上昇の社、やる気・元気が出るパワースポットとして多くの参拝者が訪れる。

ご利益

運気上昇・厄除・招福・金運アップ

預金通帳入れや宝くじ入れなど金運を招く授与品が多い。また、だいこくさまの縁日が甲子（きのえね）の日にあたり、甲子の年に完成した甲子園球場に因んで、野球祈願にご利益があると言う

⛩ 神社DATA

創　建／**欽明天皇の御代(500年代)**

主祭神／**日本武尊《やまとたけるのみこと》　大國主大神**

参　参拝自由
交　信越線磯部駅からタクシー25分
住　群馬県甘楽郡下仁田町上小坂1248
☎0274・82・5671

妙義神社

◉群馬県・富岡 ◉みょうぎじんじゃ

樹齢400年、大鳥居脇のご神木の三本杉が形作る三角形の空間に入ると運気上昇にご利益があると伝わる

徳川将軍家が篤く崇拝したことを物語る文化的な価値の高い荘厳な建築物

妙義山の主峰白雲山の東山麓に鎮座し、古くは波己曽《はこそ》神社と称され、後に妙義神社と改めた。妙義山信仰の中心地。

妙義の由縁は、ご祭神権大納言長親卿が威厳ある山の姿を明巍《みょうぎ》と称したことによる。

古くから朝廷に崇敬され、江戸時代には、歴代将軍を始め加賀前田家外諸大名からも敬われたと言う。

鮮やかな朱色の総門や煌びやかな金箔と黒漆との対照的な色使いに加え、見事な彫刻が施されている豪華絢爛な本社は国指定重要文化財。

ご利益

開運・商売繁昌・火防・学業児童・縁結び・農耕桑蚕

ご祭神のご神徳はもちろん、自然崇拝や山岳信仰、神仏習合による仏教色が合わさり、より大きなご利益が授与される

⛩ 神社DATA

創　建／宣化《せんか》天皇2年(537)

主祭神／日本武尊《やまとたけるのみこと》　豊受大神《とようけのおおかみ》

菅原道真公《すがわらのみちざねこう》　権大納言長親卿《ごんだいなごんながちかきょう》

参　7時～17時
交　信越線松井田駅からタクシー10分
住　群馬県富岡市妙義町妙義6
☎0274・73・2119

産泰神社

◉群馬県・前橋 ◉さんたいじんじゃ

上下2か所に「胎内くぐり」という岩があり、妊婦がくぐれば安産になるという。神々が鎮まる磐座《いわくら》としても信仰されている

徳川将軍家が篤く崇拝したことを物語る文化的な価値の高い荘厳な建築物

燃え盛る炎の中で三神を生み、自身も無事であった神様を祀る社は日本武尊《やまとたけるのみこと》が勧請したと伝わる。

古より安産・子育ての守護神として多くの女性の参拝者が訪れている。田園地帯の小山に鎮座し、本殿・幣殿・拝殿・神門と境内地は貴重な遺構として県重要文化財に指定されている。

ご利益

安産・子育て・子宝・厄除け・女性守護

安産抜けびしゃく、安産・子育て戌（いぬ）、安産胎内（あんざんたいない）くぐりの三つのスポットへもお詣りを

⛩ 神社DATA

創　建／不詳

主祭神／木花佐久夜毘売命《このはなさくやひめのみこと》

参　参拝自由
交　両毛線前橋駅からタクシー20分
住　群馬県前橋市下大屋町569
☎027・268・1161

開運神社のご利益

茨城県エリア

水上鳥居としては日本最大で、写真映えのするスポットして人気がある西の一之鳥居。一之鳥居は四方にそれぞれ置かれている

ご利益スポット

地震を起こす大鯰を抑えているとも、御座とも言われる要石。掘り起こそうとした徳川光圀は、あまりの深さに諦めたと伝わる

鹿島神宮

◉茨城県・鹿嶋◉かしまじんぐう

建国・武道の神を祀り、藤原氏、源頼朝、徳川将軍家からも崇敬されてきた東国の古社

天照大御神の命を受けて香取神宮のご祭神経津主大神と共に出雲の国で大国主命と国譲りの交渉をし、日本の建国に尽力された武甕槌大神を祀る。

東征の際に武甕槌大神の「韴霊剣《ふつのみたまのつるぎ》」の神威に助けられた神武天皇が勅祭されたと伝えられる常陸国一之宮。

中世～近世になると、源頼朝、徳川家康など武将の尊崇を集め、武神として仰がれるようになります。

広大な境内に楼門、社殿、奥宮の国の重要文化財の他、樹齢約1300年のご神木、禊をする際のご神水が湧く御手洗池《みたらしのいけ》、神霊祭祀《さいし》の場と考えられる磐境など霊験あらたかなスポットが点在する。

約20万坪の森厳な社叢《しゃそう》の一角にある要石《かなめいし》。地震を起こす大鯰《なまず》の頭を押さえている鎮石、または鹿島神宮の大神が降臨した御座の霊石として今に伝わる。

ご利益

商売繁盛・五穀豊穣・縁結び・出世・交通安全・旅行安全・武道上達

武甕槌大神の剣が神武天皇を救ったことから武道の祖神として、今日では出世や勝利の神様として崇められる

神社 DATA

創　建／皇紀元年（紀元前 660 年）

主祭神／武甕槌大神《たけみかづちのおおかみ》

参　参拝自由

交　鹿島線鹿島神宮駅から徒歩 10 分

住　茨城県鹿嶋市宮中 2306-1

☎ 0299･82･1209

◉茨城県・ひたちなか◉さかつらいそさきじんじゃ

酒列磯前神社

ご利益スポット

高額当選した人が奉納した亀石像。参拝後、頭に触ると宝くじに当たりやすくなると言う

亀の頭を撫でて、当選祈願。古より全国的に知られる由緒ある神社

平安時代編纂の文徳天皇実録には、斉衡3年（856）12月29日に常陸国鹿島郡大洗の海岸で大名持命・少彦名命が民衆救済の託宣をされた記述があり、少彦名命は当社に大名持命は大洗磯前神社に祀られることになった。

平城宮跡から出土した木簡に「常陸国那珂郡酒烈埼所生若海菜」とあることから、酒列磯前神社に奉納されたわかめを奈良まで持参していたと考えられている。

境内全体が県指定の天然記念物で、椿の参道は、水戸藩主・徳川光圀が造営したと伝わる。

近年は宝くじ当選祈願の神社としても有名。

ご利益

病気平癒・健康長寿・事業繁栄・醸造発展・温泉神・商売繁盛・宝くじ運

少彦名命は医薬、酒の醸造、海上安全、学問の神。配祀神の大名持命《おおなもちのみこと》は商売繁盛、縁結び、五穀豊穣の神

神社DATA

創　建／**斉衡3年(856)**

主祭神／**少彦名命《すくなひこなのみこと》**

参　参拝自由

交　ひたちなか海浜鉄道磯崎駅から徒歩10分

住　茨城県ひたちなか市磯崎町4607-2

☎029・265・8220

◉茨城県・下妻◉だいほうはちまんぐう

大宝八幡宮

ご利益スポット

参拝前後で重さに違いが感じられると言われる重軽石。真剣にお祈りをした後は晴れやかな気持ちになり、軽く感じられると言う

大きな宝（宝くじ当選）のご利益で有名な関東最古の八幡さま

藤原時忠が九州の宇佐神宮を勧請して創建した、関東最古の八幡さま。平将門も戦勝祈願のために参拝し、新皇の位を当宮の巫女から授けられたと伝わる。「吾妻鏡《あづまかがみ》」には下妻宮《しもつまのみや》と記され、文治5年（1189）には源頼朝が鶴岡八幡宮を勧請して摂社若宮八幡宮を創建したと言う。

社号の「大宝」は、創建時の年号に因み、年号は対馬の国から金が献上されたことに由来している。年号は「タイホウ」と読むが、大宝八幡宮は、訛って「ダイホウ」と呼ばれている。天正5年（1577）に下妻城主多賀谷尊経が再建した本殿は国の重要文化財。

ご利益

宝くじ当選・厄除け・商売繁盛・財運招福・交通安全・家内安全・安産

ご祭神は生命守護を司り、社号から、財運招福の八幡様として知られ、特に「宝くじ祈願」で広く知られる

神社DATA

創　建／**大宝元年(701)**

主祭神／**誉田別命《ほんだわけのみこと》**

足仲彦命《たらしなかつひこのみこと》　気長足姫命《おきながたらしひめのみこと》

参　参拝自由

交　関東鉄道常総線大宝駅から徒歩3分

住　茨城県下妻市大宝667

☎0296・44・3756

開運神社のご利益

新潟県 長野県 山梨県 エリア

御創祀 150 年を機に造営された荘厳な社殿群

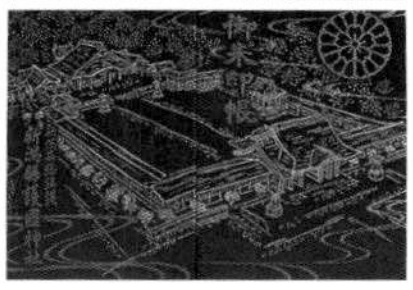

限定オリジナル御朱印帳（1500 円）。御朱印受付 9 時～ 17 時

◉新潟県・新潟◉にいがたけんごこくじんじゃ

新潟県総鎮護

新潟縣護國神社

日本海に面した 1 万 6800 坪の広大な「ときわの森」に鎮座する県民（家族）の平和と繁栄の神

日本海に面し、1万6800坪もの広大な「ときわの森」に鎮座する新潟縣護國神社。

御創祀百五十年記念で、「21世紀に引き継ぎたい日本の白砂青松百選」に選定された景勝地に県内でも最大規模の御神門と回廊が造営され、天候に左右されずに参拝が可能となっている。また、バリアフリー化も進められている。

「県民（家族）の平和と繁栄を守る神」として年間を通じ、多くのカップルが挙式を行う神社としても有名。

家内安全、安産祈願、厄除祈願、初宮詣、七五三、成人式、合格祈願、結婚式など、家族の人生儀礼時に参拝をする「拠り所」として広く崇敬を集めている。

ご利益

家内安全・厄除・商売繁盛・五穀豊穣・縁結び・安産・初宮・七五三・受験合格

ときわの森に鎮まる護國の神は県民の守護神

総檜造りの御神門と回廊に囲まれた境内は、感謝と祈りを捧げる厳かな神域

ご利益スポット

神社 DATA

創　祀／明治元年(1868)

御祭神／新潟県関係殉国の英霊

参　参拝自由
交　上越新幹線ほか新潟駅から西循環線浜浦町行きバス 15 分、岡本小路下車徒歩 3 分
住　新潟県新潟市中央区西船見町 5932-300
☎ 025・229・4345

諏訪大社

◉長野県・諏訪　茅野　下諏訪　◉すわたいしゃ

御柱祭では、社殿の四隅に「御柱」と呼ばれる樹齢約200年のモミの巨木を曳き立てる

ご利益スポット

7年ごとに行われる御柱祭でも知られ、全国1万有余の諏訪神社の総本社

諏訪湖を挟んで南に上社《かみしゃ》本宮《ほんみや》・前宮、北には下社《しもしゃ》春宮・秋宮の四宮からなり、お諏訪さま、諏訪大明神とも親しみを込めて呼ばれている

日本最古の神社の一つで、日本書紀では持統天皇5年（691）に、「信濃須波」の神を祀る記述がみられる。

また、延長5年（927）に編纂の神名帳には「南方刀美神社《みなかたとみのかみのやしろ》」、「信濃国四十八座の第二」とも記されており、信濃國一之宮として信仰されていたことも窺える。

ご利益

五穀豊穣・健康・勝負・出世

風と水に関連する竜神の信仰や、農業の守護神として知られる。水の信仰から海の守り神とも考えられ、生命の根源、生活の源を守護する神としても崇められている

神社DATA

創　建／**不詳**

主祭神／**建御名方神《たけみなかたのかみ》**
八坂刀売神《やさかとめのかみ》

参　参拝自由
交　（上社本宮）中央線上諏訪駅からバス30分、上車下車すぐ
住　（上社本宮）長野県諏訪市中洲宮山1
（上社前宮）長野県茅野市宮川2030
（下社春宮）長野県下諏訪町193
（下社秋宮）長野県下諏訪町5828
☎0266·52·1919（上社本宮）
☎0266·27·8035（下社秋宮）

新屋山神社

◉山梨県・富士吉田　◉あらややまじんじゃ

重さの違いが感じられると物事が速やかに進むと言われる御神石。3回持ち上げて、2回目に最も軽く感じられると良いと言う

ご利益スポット

金運上昇などを叶えてくれる山の神様

富士の裾野にある本宮と富士山二合目の奥宮からなり、古くから山を守る神として地域の林業、農業に携わる人々から産業の神として信仰されている。

地元では「ヤマノカミサマ」と呼ばれ親しみをこめて呼ばれている。

奥宮は金運神社と呼ばれ、全国から多くの参拝者が訪れる。

ご利益

金運上昇・商売繁盛・農林業繁栄

山の神は、山仕事や荒仕事をする人を守ってくれるなど、願い事をよく叶えてくれる霊験あらたかな神様はコンサルタントとして成功した経営のプロが金運のご利益を公言

神社DATA

創　建／**天文3年(1534)**

主祭神／**大山祇命《おおやまつみのみこと》**

参　参拝自由
交　富士急行線富士山駅から御殿場駅行きバス7分、新屋公民館入口下車徒歩10分
住　山梨県富士吉田市新屋4-2-2
☎0555·24·0932

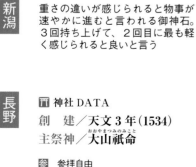

人生の節目にご祈祷を

～ご祈祷の受け方～

ご祈祷は「ご祈願」ともいわれ、神様のご守護をいただけるように、神様に近い場所で神職を通じてお願いをする神事です。

最も丁寧な参拝方法ともいわれ、初宮参りや七五三などのお祝いごとや家内安全、商売繁昌、厄除などの特別なお願いごとがある場合に受けます。

1

申し込み

申込書に必要事項を記入し、初穂料（ご祈祷料）と共に受付へ。神社によっては、予約が必要な場合もあるので事前に確認をしておくとよいでしょう。

控室で待機して、順番が来たら、巫女《みこ》から小忌衣《おみごろも》を受け取り、拝殿へ進みます。

2

修祓《しゅばつ》

神職が祓詞《はらえことば》を奏上し、大麻《おおぬさ》でお清めを行います。

3

祝詞奏上《のりとそうじょう》

参拝者の願いごとを神様に伝えるため、神職が祝詞を奏上します。

4

お神楽《かぐら》

巫女による雅やかで
美しい舞をご神前に
奉納します。

5

玉串拝礼《たまぐしはいれい》

思いを託した玉串を神様に捧げ、
二礼二拍手一礼の作法で拝礼。

6

神酒拝戴《しんしゅはいたい》

ご祈祷後、ご神前から下げたお神酒《みき》をいただきます。最後にお札と神饌（お供え物・お下がり）を授かります。

撮影：東京大神宮　※神社によって参拝方法が異なる場合もあります

十二支神社へ参拝を

神使として知られる動物や霊獣のなかから、私たちに親しみのある十二支にスポットを当て、紹介します。

卯（ウサギ） 困難をもぴょんと飛び越す

吉兆をもたらす神使のウサギがツキを呼ぶ

調神社

つきじんじゃ

埼玉県・さいたま

ウサギの石像、ウサギの手水舎など境内の至る所に神使のウサギを見ることができる

ご利益

安産／病気平穏／勝負運

地元で「つきのみや」の親しみを込めて呼ばれている。

創建は約2000年前で、伊勢神宮への貢物である初穂を収めためた倉庫群の中に造営されたため、搬出入の妨げとなる鳥居を無くしたと言う逸話が残る。

調（つき）神社と「月（つき）」が同音なことから、月待信仰と結びつき、月に棲むと伝わる神使のウサギが境内のいたるところに配されている。

「ツキ」に恵まれるようにと毎年浦和レッズの選手が初詣に訪れることでも有名な神社。

⛩ 神社 DATA

創　建／崇神《すじん》天皇年間

主祭神／天照大御神《あまてらすおおみかみ》　豊宇気姫命《とようけひめのみこと》

素盞鳴尊《すさのおのみこと》

参　参拝自由（社務所9時～16時）

交　京浜東北線・高崎線・宇都宮線・湘南新宿ライン浦和駅から徒歩10分

御祭神が降臨した岩礁に立てられた「神磯の鳥居」でも知られる

大洗磯前神社

おおあらいいそさきじんじゃ

茨城県・大洗

随神門のかわいらしいウサギの彫刻をぜひ探してみて。江戸初期の建築様式を今に伝える社殿は県指定の文化財

ご利益

縁結び／子宝／商売繁盛／家内安全／開運厄除／病気平穏／五穀豊穣

平安期の創建で、戦国時代の兵乱により焼失。元禄3年（1690）に水戸藩2代藩主徳川光圀が再建を命じ、享保15年（1730）、3代綱《つな》篠《えだ》の時代に再興した。

国造りの神・大己貴命《おおなむちのみこと》と医薬の神・少彦名命《すくなひこのみこと》が降り立ったと伝わる海上の「神磯の鳥居」や江戸初期築の社殿が象徴的。

アニメ「ガールズ＆パンツァー」の聖地としても知られている。

傷ついた白兎に、治療方法を伝えたと言う「因幡の白兎」の伝説にちなみ、随神門にはウサギの彫刻が施されている。

絵馬やお守りなど授与品にもウサギが描かれているものが多い。

⛩ 神社 DATA

創　建／斉衡3年（856）

主祭神／大己貴命《おおなむちのみこと》　少彦名命《すくなひこなのみこと》

参　5時30分～18時（4月～9月）、6時～17時（10月～3月）。9時～16時（受付）

交　大洗鹿島線大洗駅からバス16分、大洗磯前神社下下車徒歩5分

住　茨城県東茨城郡大洗町磯浜町6890

☎ 029・267・2637

狛ネズミを回して縁結びのご利益を

戸部杉山神社《とべすぎやまじんじゃ》

神奈川県・横浜

横浜きっての古社にて、狛ネズミの台座を回して行う願掛けで縁結びのご利益を

ご利益

縁結び／金運／家内安全商売繁盛　ほか

御祭神の大己貴命《おおなむちのみこと》は数々の試練を克服して須勢理毘売《すせりひめ》と結ばれた。その際、ネズミに助けてもらったことから、ネズミは神使と言われるようになったと言う。

境内には狛犬の他、「狛ネズミ」が置かれている。この狛ネズミは、土台が回転するしくみになっている。

社殿に向かって男性は右側の雄ネズミを。女性は左側の雌ネズミを回すと恋愛成就など縁結びにご利益があると言う。

また、境内には俳優の黒沢年雄氏が奉納した大黒天の像が設置されていることでも有名。

⛩ 神社 DATA

創　建／白鳳３年(652)
主祭神／大己貴命《おおなむちのみこと》

参　9時～16時30分
交　京急本線戸部駅から徒歩７分
住　神奈川県横浜市西区中央 1-13-1
☎ 045・321・1980

金色に輝く開運ねずみ像が運気上昇を

日光二荒山神社《にっこうふたらさんじんじゃ》

栃木県・日光

金箔の「開運ねずみ像」は大国殿内に

ご利益

縁結び／開運／安産／子授け／家内安全／夫婦円満／金運／勝運／仕事運

二荒山（男体山）を御神体山とし、神護景雲元年（767）に勝道上人が祠を建てたことに起源する。

山頂に奥宮、中禅寺湖畔に中宮祠、山内に本社があり、本社は元和5年（1619）、徳川秀忠によって造営された、日光山内に現存する最古の建造物である。

令和2年（2020）秋に、7年かけて行われた本殿の大規模修理が完了。大国殿内には「開運ねずみ像」があり、運気上昇にご利益がある人気のスポットになっている。

⛩ 神社 DATA

創　建／天応２年(782)
主祭神／二荒山大神《ふたらやまのおおかみ》（大己貴命《おおなむちのみこと》）田心姫命《たごりひめのみこと》
味耜高彦根命《あじすきたかひこねのみこと》

参　8時～17時（4月～10月）、9時～16時（11月～3月）
交　日光線日光駅または東武日光線東武日光駅から世界遺産めぐりバス12～15分、大猷院・二荒山神社前下車すぐ
住　栃木県日光市山内 2307
☎ 0288・54・0535

学問の神さまを祀る関東屈指の天

湯島天満宮《ゆしまてんまんぐう》

東京都・湯島

関東三大天神の一つに数えられ受験生に人気の神社。境内の「撫で牛」には体の悪いところを改善するご利益があると言う

ご利益
学業成就／合格祈願／商売繁盛／子宝／立身出世

亀戸天神社、谷保天満宮と並ぶ「関東三大天神」の一つに数えられる古社。創建は古く、正平10年（1355）から学問の神様・菅原道真公が祀られるようになった。

　徳川家康や徳川綱吉といった徳川家将軍からも、学者や文人からも篤い信仰を受けた。

　1月の受験シーズンや、300本もの梅が咲き誇る2月は受験生や参拝客で大変な賑わ

⛩ 神社 DATA

創　建／雄略天皇2年（458）
主祭神／天之手力雄命《あめのたぢからをのみこと》　菅原道真公《すがわらのみちざねこう》

参　8時30分～19時30分
交　山手線・京浜東北線御徒町駅から徒歩8分。東京メトロ千代田線湯島駅から徒歩2分。東京メトロ銀座線上野広小路駅から徒歩5分。東京メトロ丸の内線本郷3丁目駅から徒歩10分
住　東京都文京区湯島3-30-1
☎03・3836・0753

「神牛」を撫でて合格祈願

亀戸天神社《かめいどてんじんしゃ》

東京都・亀戸

「花の天神様」とも呼ばれ、四季折々の花が美しく咲き誇る境内にある「神牛」は撫でると病を治し、知恵も授かると伝わる

ご利益
学業成就／合格祈願／商売繁盛／安産／立身出世

天神信仰を広めるため九州太宰府天満宮の神官菅原大鳥居信祐が、梅の木に彫った道真の神像と共に、諸国を巡り歩き、たどり着いた当地の祠に、この神像を祀ったことに起源する。

　その後、天神信仰に篤い徳川家綱が、現在の社地を寄進。寛文2年（1662）に太宰府にならって境内を造営した。

　参道を抜け、社殿の左手に鎮座している「神牛」。撫でると、学業成就、運気向上にご利益があると言う。

⛩ 神社 DATA

創　建／寛文2年（1662）
主祭神／天満大神《てんまんおおかみ》（菅原道真《すがわらのみちざね》）天菩日命《あめのほひのみこと》

参　参拝自由
交　総武線亀戸駅または錦糸町駅から徒歩15分。東京メトロ半蔵門線錦糸町駅から徒歩15分
住　東京都江東区亀戸3-6-1
☎03・3681・0010

寅(トラ) 勝運を招く威厳のシンボル

権現造りの美しい本殿に施された「子宝子育ての虎」は名工左甚五郎の作

秩父神社《ちちぶじんじゃ》

政治・学問・工業など、知恵の神様のご利益を戴く

埼玉県・秩父

ご利益 学業成就／出世開運
家運隆昌

天正20年（1592）に徳川家康が寄進した社殿の正面には4面にわたって虎の彫刻が施されている。

子虎と戯れる「子宝子育ての虎」は、御祭神と寅年、寅の日、寅の刻生まれの家康を守護するための神使として左甚五郎が彫ったものと伝わる。

日本三大曳山祭の一つ、秩父夜祭で有名な神社としても知られ平安初期に編纂された「先代旧事本紀」にその縁起が記載されている。

神社 DATA

創　建／崇神天皇 11 年（紀元前 87）
主祭神／八意思兼命《やごころおもいかねのみこと》　知知夫彦命《ちちぶひこのみこと》
天之御中主神《あめのみなかぬしのかみ》　秩父宮雍仁親王《ちちぶのみややすひとしんのう》

参　参拝自由
交　秩父鉄道秩父駅から徒歩 3 分、西武秩父線西武秩父駅から徒歩 15 分
住　埼玉県秩父市番場町 1-3
☎ 0494・22・0262

十二支早見表

大正 9 年	1920 年	申	昭和 13 年	1938 年	寅	昭和 31 年	1956 年	申
大正 10 年	1921 年	酉	昭和 14 年	1939 年	卯	昭和 32 年	1957 年	酉
大正 11 年	1922 年	戌	昭和 15 年	1940 年	辰	昭和 33 年	1958 年	戌
大正 12 年	1923 年	亥	昭和 16 年	1941 年	巳	昭和 34 年	1959 年	亥
大正 13 年	1924 年	子	昭和 17 年	1942 年	午	昭和 35 年	1960 年	子
大正 14 年	1925 年	丑	昭和 18 年	1943 年	未	昭和 36 年	1961 年	丑
大正 15 年 昭和元年	1926 年	寅	昭和 19 年	1944 年	申	昭和 37 年	1962 年	寅
昭和 2 年	1927 年	卯	昭和 20 年	1945 年	酉	昭和 38 年	1963 年	卯
昭和 3 年	1928 年	辰	昭和 21 年	1946 年	戌	昭和 39 年	1964 年	辰
昭和 4 年	1929 年	巳	昭和 22 年	1947 年	亥	昭和 40 年	1965 年	巳
昭和 5 年	1930 年	午	昭和 23 年	1948 年	子	昭和 41 年	1966 年	午
昭和 6 年	1931 年	未	昭和 24 年	1949 年	丑	昭和 42 年	1967 年	未
昭和 7 年	1932 年	申	昭和 25 年	1950 年	寅	昭和 43 年	1968 年	申
昭和 8 年	1933 年	酉	昭和 26 年	1951 年	卯	昭和 44 年	1969 年	酉
昭和 9 年	1934 年	戌	昭和 27 年	1952 年	辰	昭和 45 年	1970 年	戌
昭和 10 年	1935 年	亥	昭和 28 年	1953 年	巳	昭和 46 年	1971 年	亥
昭和 11 年	1936 年	子	昭和 29 年	1954 年	午			
昭和 12 年	1937 年	丑	昭和 30 年	1955 年	未			

龍神伝説の神社で金運を祈願

江島神社《えのしまじんじゃ》

神奈川県・江の島

十二支スポット

岩屋洞窟の上に鎮座する龍宮（わだつみのみや）。太平記などの伝記に龍に関する記述が残っている江の島は、龍の棲む所とも伝わる

ご利益

金運／良縁祈願／縁結び／財福／商売繁盛／厄除け／安産祈願

日本三大弁財天の一つに数えられ、江の島全体がご神域。

悪行を行う五頭龍と、これを諭すため江の島でに舞い降りた天女（弁財天）とのなれそめ伝説が残る。

御祭神は海、水、幸福や財宝を招き芸道上達の神として知られる。江戸期には江島詣でが流行したと言う。

縁日の巳の日に参詣するとご利益がさらに上がるとも伝わり、弁財天の神使・白龍王のいる池の霊水でお金を洗って金運アップを願う多くの参拝客が訪れる。

⛩ 神社 DATA

創　建／欽明天皇 13 年（552）
主祭神／多紀理比賣命《たぎりひめのみこと》　市寸島比賣命《いちきしまひめのみこと》
田寸津比賣命《たぎつひめのみこと》

参　8時30分～17時（社務所）
交　小田急江ノ島線片瀬江ノ島駅から徒歩15分。江ノ島電鉄江ノ島駅から徒歩20分。湘南モノレール湘南江の島駅から徒歩23分
住　神奈川県藤沢市江の島2-3-8
☎0466・22・4020

誰でも参列できる月次祭（つきなみさい）で運気上昇

九頭龍神社《くずりゅうじんじゃ》

神奈川県・箱根

十二支スポット

（右）箱根山を源とする湧水「龍神水」は新宮前で
（下）箱根九頭龍の森内に鎮座し、龍神信仰の聖地と称される本宮

ご利益

金運開運／商売繁盛／心願成就／良縁成就

かつて、芦ノ湖に棲み、里人を苦しめていた毒龍。その毒龍を箱根大神の霊力を授かった万巻上人が調伏し、九頭龍大神として、神社に祀ったことが九頭龍神社創建の由来とされる。

九頭龍大神は誕生の聖地である芦ノ湖の畔の箱根九頭龍の森内に鎮まる本宮と、箱根神社の隣に鎮座する新宮の二社に祀られている。

新宮前には、龍神水とよばれる霊水があり、お水取りをする参拝者も多い。

⛩ 神社 DATA

創　建／天平宝字元年（757）
主祭神／九頭龍大神《くずりゅうおおかみ》

参　参拝自由（駐車場7時～17時）
交　箱根登山鉄道箱根湯本駅から元箱根、関所、箱根町行きなどのバス40分、元箱根または箱根神社入口下車徒歩10分
住　神奈川県足柄下郡箱根町元箱根80-1（箱根神社右隣）
☎0460・83・7123

蛇窪神社《へびくぼじんじゃ》

「夢巳札」で白蛇さまのご利益を戴く

東京都・品川

白蛇伝説にちなみヘビが奉納されている弁財天社。願い事を唱えながら撫でるとご利益があると伝わる「撫で白蛇」

ご利益　縁結び／金運／立身出世／子育て／芸能上達／除災招福

飢饉の際、雨乞い祈願をして危機を脱することができたため、蛇窪（旧地名）に社を勧請したのが起源と伝わる。

また、蛇との縁起については、この地に住んでいた白蛇が地元有力者の夢枕に現れ、元の棲家に戻りたいと懇願。このため弁天社を建立し石祠に白蛇を祀ったことによる。

以来、「東京の白蛇さま」と親しみを込めて呼ばれている。

天然記念物・白蛇の脱皮とお札が入った数量限定の「夢巳札《ゆめみふだ》」は、正月と巳の日の限定頒布。

巳の日の「白蛇様のご縁日」は多くの参拝者が訪れる。

神社DATA

創　建／鎌倉時代

主祭神／天照大御神《あまてらすおおみかみ》　天児屋根命《あめのこやねのみこと》　応神天皇《おうじんてんのう》

参　参拝自由

交　都営浅草線中延駅から徒歩５分。東急大井町線中延駅から徒歩６分ほか

住　東京都品川区二葉4- 4-12

☎03・3782・1711

八坂神社《やさかじんじゃ》

社務所の白蛇にも参拝を

群馬県・太田

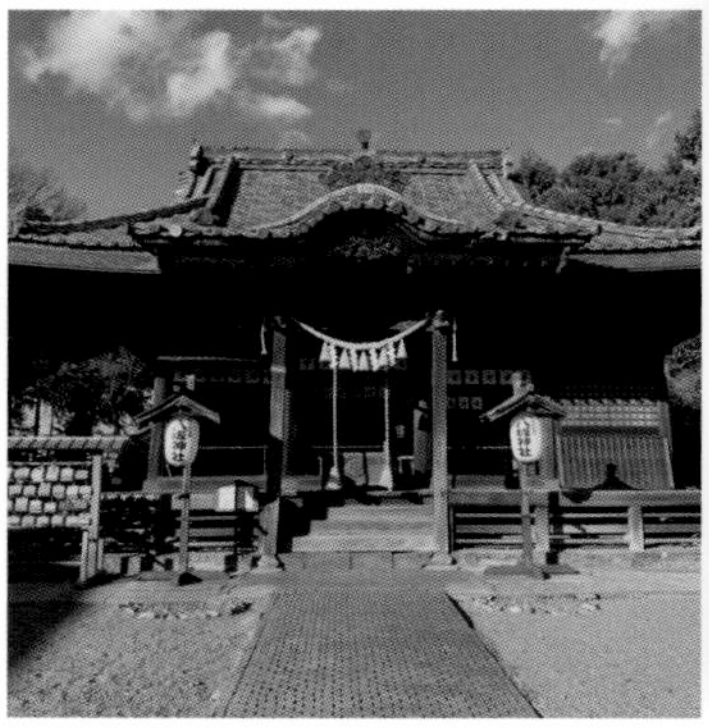

1100年以上もの歴史を刻む八坂神社。金運・財運が上昇すると言う白蛇に参拝することができる

ご利益　子授け／安産／縁結び／厄除け／金運／無病息災

鎌倉から南北朝時代に活躍した新田、足利の両家から崇敬された古社。

神社の祭りとして始まった世良田祇園祭は沼田、大間々おおまと並ぶ上州三代祇園祭の一つに数えられる。

月次祭、戌の日、猫の日、雨の日や季節限定で授与される限定ご朱印が人気で、特に評判なのが巳の日に授与されるご朱印。

ご朱印や金運お守り、白蛇弁天社御礼を受けると、抽選により、白蛇の抜け殻の入ったお守りも授与される。

神社DATA

創　建／貞観18年(876)

主祭神／素戔嗚尊《すさのおのみこと》

参　参拝自由

交　東武伊勢崎線世良田駅から徒歩15分

住　群馬県太田市世良田町1497

☎0276・52・2969

競馬関係者や競馬ファンも参拝に訪れる

勝馬神社《かちうまじんじゃ》

茨城県・稲敷

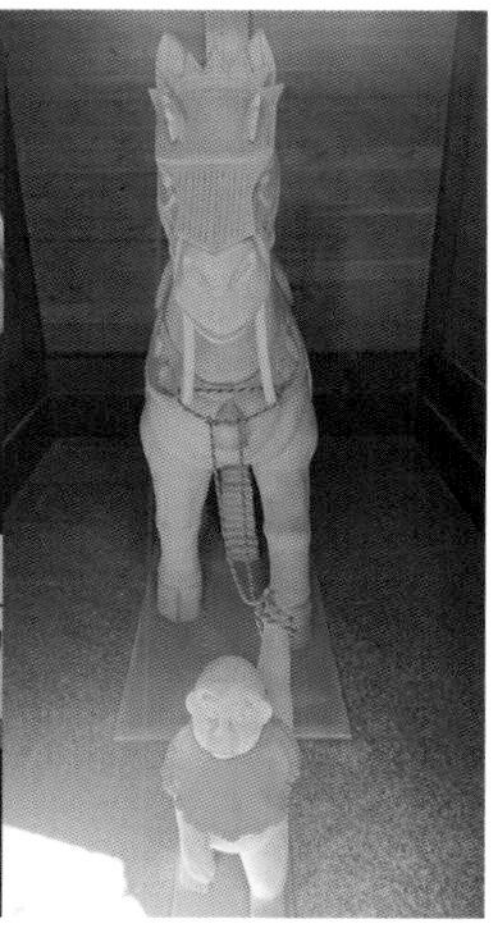

サルの像を厩舎に置くとウマが病気にならないと伝わる。本物の馬蹄が付けられた「馬蹄絵馬」。持ち帰りもできる。

ご利益
賭け事／勝負運

全国に約670社ある大杉神社の総本宮。勝馬神社は古くは馬櫪社ばれきしゃと呼ばれる馬体を守護とする神社であったと伝わる。

稲敷市幸田などの地に遷座した後、大杉神社の境内に遷座された。

昭和初期まで大杉神社の馬場では毎年4月8日に草競馬が開催され、100頭の馬が出走していた。

日本中央競馬会（JRA）の美浦トレーニングセンターが近いため、多くの競馬関係者や競馬ファンが訪れ、勝運を願い、「馬蹄絵馬」を奉納したり、サラブレッドのたてがみを用いた「立神守」や「勝馬守」を受ける参拝者が多いと言う。

神社DATA

創　建／**貞観4年(862)頃**
主祭神／**あんば様を祀っているとされる**

参　参拝自由
交　成田線下総神崎駅からタクシー15分
住　茨城県稲敷市阿波958
☎029・894・2613（大杉神社）

源頼朝と名馬・池月との出会いの社

千束八幡神社《せんぞくはちまんじんじゃ》

東京都・洗足池

青毛に白斑点の馬体が池に映る月影のようだったと伝わる名馬「池月」の銅像

ご利益
厄除け／家内安全／合格祈願／必勝祈願／出世祈願／心願成就／虫封

洗足池の西側に鎮座し、創建は豊後国（大分県）の宇佐八幡を勧請した平安期とされるが、旧時代の遺物など平安期以前から祀られていた痕跡も残る神社。

この地で、宇治川先陣物語で知られる名馬「池月」を手に入れた源頼朝。青毛に白斑点の姿が、池にうつる月影の様な美しい池月の登場を吉兆の印として、兵達は幟旗を揚げ歓声に沸いたと伝わる。この勢いで、平家討伐に奮起したことから、「旗揚げ八幡」として知られるようになった。

社殿はもちろん、「池月」の銅像や洗足池に架かる三連の太鼓橋・池月橋など、見どころも多い。

神社DATA

創　建／**貞観2年(860)**
主祭神／**品陀和気之命《ほんだわけのみこと》(応神天皇)**

参　参拝自由
交　東急池上線洗足池駅から徒歩6分
住　東京都大田区南千束2-23-10
☎03・3727・7584

羊神社《ひつじじんじゃ》

対の狛羊がむかえてくれる「羊」の神社

群馬県・安中

社殿のそばにはかわいらしい狛羊が。羊の授与品や御朱印は市内にある咲前（さきさき）神社で

ご利益

健康／学業／商売

奈良時代に活躍した上野国（群馬県）の豪族、多胡羊太夫を祀ったことが社名の由来。

羊太夫は、武蔵国秩父郡で和銅と呼ばれる銅の塊（ニギアカガネ）を発見した。その和銅を、朝廷に献上した功績から藤原氏の姓を拝領したと伝わる。

豊かな自然に囲まれた御神域の鳥居の傍には狛犬が配されている。かわいらしい対の狛羊は社殿の前に対をなして置かれている。

尚、御朱印やお守りなどは、市内にある咲前《さきさき》神社で授与される。

神社DATA

創　建／延宝年間（1673～1681）

主祭神／天児屋根命《あめのこやねのみこと》

多胡羊太夫藤原宗勝公《たごひつじだゆうふじわらむねかつこう》

参　参拝自由
交　信越本線磯部駅から徒歩30分、またはタクシー6分
住　群馬県安中市中野谷1751
☎027・381・2726（咲前神社／安中市鷺宮3308）

十二支早見表

昭和47年	1972年	子	平成2年	1990年	午	平成20年	2008年	子
昭和48年	1973年	丑	平成3年	1991年	未	平成21年	2009年	丑
昭和49年	1974年	寅	平成4年	1992年	申	平成22年	2010年	寅
昭和50年	1975年	卯	平成5年	1993年	酉	平成23年	2011年	卯
昭和51年	1976年	辰	平成6年	1994年	戌	平成24年	2012年	辰
昭和52年	1977年	巳	平成7年	1995年	亥	平成25年	2013年	巳
昭和53年	1978年	午	平成8年	1996年	子	平成26年	2014年	午
昭和54年	1979年	未	平成9年	1997年	丑	平成27年	2015年	未
昭和55年	1980年	申	平成10年	1998年	寅	平成28年	2016年	申
昭和56年	1981年	酉	平成11年	1999年	卯	平成29年	2017年	酉
昭和57年	1982年	戌	平成12年	2000年	辰	平成30年	2018年	戌
昭和58年	1983年	亥	平成13年	2001年	巳	平成31年 令和元年	2019年	亥
昭和59年	1984年	子	平成14年	2002年	午	令和2年	2020年	子
昭和60年	1985年	丑	平成15年	2003年	未	令和3年	2021年	丑
昭和61年	1986年	寅	平成16年	2004年	申	令和4年	2022年	寅
昭和62年	1987年	卯	平成17年	2005年	酉	令和5年	2023年	卯
昭和63年	1988年	辰	平成18年	2006年	戌	令和6年	2024年	辰
昭和64年 平成元年	1989年	巳	平成19年	2007年	亥	令和7年	2025年	巳

申(サル)「魔が去る」魔除けの象徴

魔を除け、良縁をもたらす神猿様

日枝神社《ひえじんじゃ》

東京都・赤坂

社殿前には親子の神猿像が置かれている。子猿を抱いた母猿像を撫でると安産や子宝に恵まれると言う

可愛らしい神猿のお守り。
(上) お守り袋 (500円)
(中) まさる守・大 (800円)
(下) まさる守・小 (600円)

社紋の双葉葵を象った絵馬 (1000円)。ハートの形をしていることから、縁結びを祈願する参拝者も多い

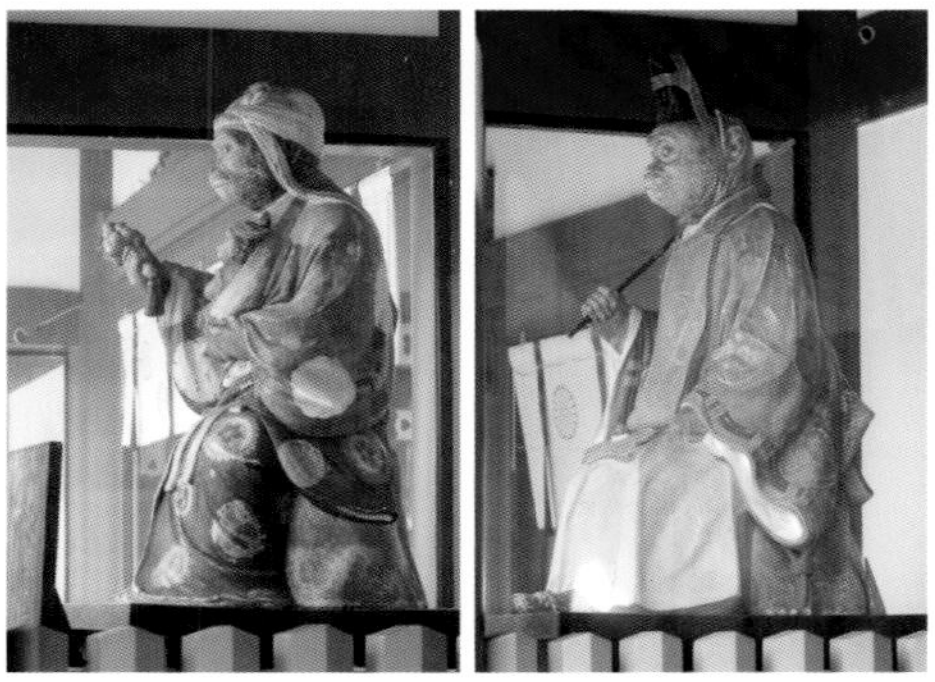

神門に安置されている一対の神猿像

江戸氏が山王宮を祀った後、江戸城築城時に鎮護の神として川越山王社を勧請したことに由来する日枝神社。

江戸時代には歴代将軍や庶民から崇敬された。

境内には山の神の神使である「神猿像」が社殿の両脇と神門にそれぞれ安置されている。

神使である猿は「神猿」(まさる) と呼ばれ、その語呂から「魔が去る」「何事にも勝る」と言われ親しまれている。

また、猿は「えん」とも読める事から良縁の象徴としても知られている。

ご利益

厄除け／安産／縁結び／商売繁盛／社運隆昌

神社 DATA

創 建／**鎌倉時代**

主祭神／**大山咋神《おおやまくいのかみ》**

参　6時～17時(御守・御札の授与は8時～16時)
交　東京メトロ銀座線・南北線溜池山王駅、東京メトロ千代田線赤坂駅から徒歩3分
住　東京都千代田区永田町2-10-5
☎03・3581・2471

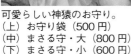

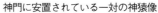

酉（トリ）神話にも登場する神の思いを伝える霊鳥

夜明けを告げる神鶏の大絵馬も見事

東京大神宮

とうきょうだいじんぐう

東京都・飯田橋

絵馬師の永崎ひまる氏が奉納した令和記念の大絵馬に描かれた神鶏

ハートの形に似た文様の「猪の目(いのめ)」。見つけると恋愛運がアップするとか

天に伸びるかのような千木が美しい社殿。恋愛や就職など良縁にご利益のある神社として知られている

令和５年の干支絵馬

ご利益

縁結び／厄除開運

伊勢神宮の神々を祀り、「東京のお伊勢さま」と親しまれている東京大神宮。

「天岩戸神話《あまのいわとしんわ》」によると、天照皇大神が天岩戸に隠れてしまい、世の中が暗闇に包まれたという。そこで、困り果てた八百万の神々が集まって話し合い、岩戸の前で常世長鳴鳥《とこよのながなきどり》を鳴かせるなどして騒ぎ立てたところ、不思議に思われた天照皇大神が岩戸から出てこられ、再び光を取り戻したと伝わる。

その常世長鳴鳥がニワトリと考えられることから神《しん》使とされるようになった。

社殿内には、つがいの神鶏《けい》が描かれた令和記念の大絵馬が飾られている。

神社 DATA

創　建／明治13年(1880)
主祭神／天照皇大神《あまてらすすめおおかみ》　豊受大神《とようけのおおかみ》

参　6時～21時（授与8時～19時、御朱印9時～17時）
交　中央・総武線、東京メトロ東西線・有楽町線・南北線、都営地下鉄大江戸線飯田橋駅から徒歩5分
住　東京都千代田区富士見2-4-1
☎ 03・3262・3566

戌(イヌ)　古よりの人とのパートナーは安産・子宝の象徴

水天宮《すいてんぐう》

犬は多産・安産の象徴。安産と子授けを

東京都・人形町

十二支授与品

鈴の音が鳴り響く社には全国から妊婦をはじめ多くの参拝者が訪れる。戌の日には除災招福の縁起物である赤色の福絵馬が頒布される

ご利益

安産／子授け／学業／芸能／財福／厄除け

9代目・久留米藩主有馬頼徳《よりのり》の時に東京都芝の久留米藩上屋敷内に水天宮の分霊を勧請したことに始まる。ご利益を授かろうと庶民の参拝希望が絶えなかったため藩邸内の社を開放したとの話も残る。

祭神が子の守護神であることや、授与された「鈴の緒」が安産にご利益があったと伝わり、妊婦の参拝者が絶えなかったと言う。

また、境内にはお産が軽く多産の犬にあやかった「子宝いぬ」の像を撫でたり、「福犬」のお守りを受ける多くの参拝者の姿が。水天宮の神使・河童の子育て像もある。

⛩ 神社DATA

創　建／文政元年(1818)

主祭神／天御中主大神《あめのみなかぬしのおおかみ》

安徳天皇建礼門院《あんとくてんのうけんれいもんいん》　二位の尼《にいのあま》

参　7時〜18時（開門）

交　東京メトロ半蔵門線水天宮前駅からすぐ。東京メトロ日比谷線人形町駅から6分

住　東京都中央区日本橋蛎殻町2-4-1

川越氷川神社《かわごえひかわじんじゃ》

戌岩をなでて子宝・安産を祈願

埼玉県・川越

室町時代から川越城下の守護神、総鎮守として崇敬された神社。耳が垂れた犬の横顔のような「戌岩」をなでると子宝と安産にご利益があると言う

ご利益

家庭円満／夫婦円満／縁結び

祀られている5柱の御祭神が人に例えると3世代の家族であると考えられることから、家庭円満、夫婦円満にご利益があると伝わる神社。

ご神水そばにある岩は、鼻先を神前に向けた犬の姿に似ていることから「戌岩」と呼ばれ、なでると子宝と安産が叶うと言う。

縁結びの杜としても知られ、毎月開催される良縁祈願祭のほか、縁結びのお守りなど可愛らしい授与品も多い。また、境内の赤い糸がデザインされた「赤い糸ベンチ」は糸の両端に座ることで、二人の結ばれている姿を撮影できるスポットとして人気。

⛩ 神社DATA

創　建／欽明天皇2年(541)

主祭神／素盞鳴尊《すさのおのみこと》　奇稲田姫命《くしいなだひめのみこと》

脚摩乳命《あしなづちのみこと》　手摩乳命《てなづちのみこと》　大己貴命《おおなむちのみこと》

参　8時〜18時

交　埼京線または東武東上線川越駅からバス10分、川越氷川神社下車すぐ。西武新宿線本川越駅からバス7分、川越氷川神社下車すぐ

住　埼玉県川越市宮下町2-11-3

☎049・224・0589

亥（イノシシ）　足腰健康、猪突猛進で立身出世

亥・戌年生まれの守り神を祀る社で病を封じる「封じ祈祷」

行田八幡神社

ぎょうだはちまんじんじゃ

埼玉県・行田

拝殿そばの戌亥像。ご祭神が12月戌の月、14日亥の日生まれで、百歳を超える長寿であったことから、「戌亥八幡」とも呼ばれた

ご利益

延命長寿・病気平癒・厄除消除・安産・子宝・子育て・足腰健康・立身出世・開運

源頼義と義家が奥州征伐の際に戦勝を祈願し、勧請したと伝わる社。

御祭神の応神天皇の誕生日が戌の月、亥の日だったことから、戌・亥年生まれの一代守護神でもある。

代々、受け継がれてきた病の予防と治癒を祈願する秘法の「封じ祈祷」で知られる。

境内社には、眼病の神、吹き出物、湿疹の神など病にご神徳をもたらす神も多く祀られ、桃が病難・災難除けの象徴であることから、専用のハンカチでなでると延命長寿・病魔退散・厄災消除にご利益がある黄金の「なで桃」も鎮座する。

神社DATA

創　建／文治5年頃（1189）

主祭神／誉田別尊《ほむだわけのみこと》（応神天皇《おうじんてんのう》）

気長足姫尊《おきながたらしひめのみこと》（神功皇后《じんぐうこうごう》）　比売大神《ひめのおおかみ》

大物主神《おおものぬしのかみ》　神素戔嗚尊《かむすさのおのみこと》

参　参拝自由※ご祈祷は予約制

交　秩父鉄道行田市駅から徒歩7分

住　埼玉県行田市行田16-23

☎048・554・5926

ご神木の大イチョウから力を。亥・戌年生まれの一代守護神

水戸八幡宮

みとはちまんぐう

茨城県・水戸

ご祭神の干支に由来し、樹齢８００年、樹高４２メートル、幹周り９メートルの御神木「御葉付公孫樹」の前に、ご霊験あらたかな猪・犬の像が置かれている

ご利益

安産／子授け／火除け

初代秋田藩主佐竹義宣よしのぶにより創建された。慶長7年（1602）、佐竹氏は秋田へ移封される。水戸は徳川家の所領となり、以後、社は水戸藩歴代藩主の崇敬社となった。

農・工・商の神として、また厄除け、安産や子育ての守り神としても敬われている。

ご祭神が亥年、戌年生まれと伝えられていることから、境内には猪と犬の像が置かれ、亥・戌年生まれの人の一代守護神として、全国から多くの参拝者が訪れる。

樹齢800年の大イチョウ「御葉付公孫樹」は国の天然記念物に指定され、数多くの乳根が垂れ下がり、その風格のある樹勢からも、安産・延命長寿・縁結びの象徴とされる。

神社DATA

創　建／文禄元年（1592）

主祭神／誉田別尊《ほんだわけのみこと》（応神天皇《おうじんてんのう》）

息長足日売尊《おきながたらしひめのみこと》（神功皇后《じんぐうこうごう》）

姫大神《ひめのおおかみ》

参　参拝自由

交　常磐線水戸駅からバス10分、栄町2丁目下車すぐ

住　茨城県水戸市八幡町8-54

☎029・221・5327

今戸神社《いまどじんじゃ》

日本初の夫婦となった神を祀る招き猫発

東京都・浅草

待ち受け画面にする人も多い社殿前の「石なで猫」。なでると幸せをもたらすと伝わる。多くの招き猫に迎えられながら、本殿で参拝を

ご利益

縁結び／子育て／招福／家内安全

鎮守府将軍源頼義《よりよし》、義家《よしいえ》父子が奥州討伐の際に戦勝祈願のため、京都の石清水八幡を勧進した事に始まる。

戦火や大火などにより度々、修復・再建がなされたと言う。江戸時代には、徳川家光の命により官材を使用し、寛永13年（1636）に再建される。

貧しい老婆の夢枕に立った愛猫のお告げで猫の人形を作って売ったところ評判になり、よく売れたと伝わることから、「招き猫」発祥の地としても知られ、境内には数多くの猫の銅像や焼き物が配されている。

ふらりと境内に現れる白猫の「なみちゃん」に会うと、さらに運気が上昇するとも。

神社DATA

創　建／康平6年（1063）

主祭神／應神天皇《おうじんてんのう》
伊弉諾尊《いざなぎのみこと》伊弉冉尊《いざなみのみこと》　福禄寿《ふくろくじゅ》

参　参拝自由

交　東京メトロ浅草線、都営地下鉄浅草線、東武伊勢崎線浅草駅から徒歩15分

住　東京都台東区今戸1-5-22

☎03・3872・2703

蚕影神社《こかげじんじゃ》

全国の愛猫家たちが注目する神社

東京都・立川

鳥居そばの「ただいま猫」の石像を撫でると愛猫にも飼い主にもご利益があると言う。絵馬やお守りもまさに猫のための社

十二支
授与品

ご利益

猫返し

医薬・健康・知恵の神である少彦名命《すくなひこなのみこと》、文学・芸術の神の天児屋根命《あめのこやねのみこと》を祀る寛永6年（1629）創建の阿豆佐味天神社《あずさみてんじんしゃ》と古来より、安産・子授けの守り神として崇められている立川水天宮の境内社。

かつてこの地で盛んだった養蚕。蚕の天敵がねずみであったことから猫を守り神としていただいている。

ジャズピアニスト山下洋輔さんの愛猫が失踪した際に、蚕影神社にお参りをしたところ、無事に戻ってきたことから、「猫返し神社」として愛猫家らにさらに広く知られることになった。

愛猫の健康長寿などを願い、多くの参拝者が訪れる。

神社DATA

創　建／寛永6年（1629）

主祭神／養蚕の神

参　7時～16時（社務所10時～12時、13時～15時30分）

交　中央線立川駅からバス12分、砂川四番下車すぐ

住　東京都立川市砂川町4-1-1

☎042・536・3215
（阿豆佐味天神社・立川水天宮）